ULYSSE

W0220518

Historien, scénariste et romancier, **Claude Merle**
est l'auteur d'une cinquantaine de romans historiques
édités par Bayard, Hachette, Autrement et Intervista,
les Éditions Bulles de Savon, Auzou.

Illustration de couverture : Miguel Coimbra

© Bayard Éditions, 2020 pour la présente édition
18 rue Barbès, 92128 Montrouge Cedex
© Bayard Éditions, 2011

ISBN : 979-1-0363-1505-3
Dépôt légal : février 2020

Loi 49-956 du 16 juillet 1949 sur les publications destinées à la jeunesse.
Reproduction, même partielle, interdite.

Imprimé en Italie par La Tipografica Varese en janvier 2020

HÉROS DE LÉGENDE

ULYSSE

Claude Merle

bayard jeunesse

INTRODUCTION

Avec Héraclès, Ulysse est le héros le plus célèbre de l'Antiquité. Ses aventures fantastiques, racontées par Homère dans l'*Iliade* et l'*Odyssée*, ont été ensuite enrichies par de très nombreux écrivains, en particulier des tragiques grecs : Eschyle, Sophocle et Euripide, et des auteurs latins : Virgile, Ovide et Plutarque.

Considéré comme un mélange de sage et d'aventurier, Ulysse est un personnage ambigu. Courageux, généreux et fidèle, il n'est cependant pas exempt de fourberie et de cruauté. Ainsi, après la mort d'Achille, il triche pour s'approprier ses armes divines qui devaient revenir à Ajax, provoquant ainsi la folie et la mort du plus vaillant des guerriers grecs. Pour se venger de Palamède, il n'hésite pas à l'accuser faussement de trahison et à le faire condamner à mort. Plus tard, il lapide Hécube, la reine de Troie, sa prisonnière, qui lui a pourtant sauvé la vie.

Ses vertus et ses défauts font d'Ulysse un personnage humain. Et c'est cette humanité qui le rend proche de nous au-delà de sa légende, l'une des plus fascinantes de la mythologie grecque.

Chapitre 1

LA PLUS BELLE DE TOUTES

La jeune princesse se nomme Hélène. Elle a de grands yeux verts, des cheveux d'or qui lui tombent en boucles soyeuses jusqu'au creux des reins ; des traits délicats, un corps de déesse. Nul homme ne peut l'apercevoir, une fois, une seule fois, sans perdre la tête, devenir fou d'amour, fou de désir. Sa beauté ensorcelante recèle un pouvoir divin. On raconte que son véritable père n'est pas Tyndare, le roi de Sparte, comme il le prétend, mais Zeus, le maître de tous les dieux.

Hélène est une déesse. C'est l'avis d'Ulysse, le roi d'Ithaque. Au premier regard, la beauté d'Hélène l'a foudroyé. Il songe : « Si elle refuse de m'épouser, j'en mourrai ! »

Il se rend aussitôt auprès de Tyndare et le supplie :

– Seigneur, accorde-moi la main d'Hélène. Je lui donnerai mon royaume, mes îles et tous mes biens. Je lui bâtirai un empire.

– Toi aussi ?

Le roi de Sparte sourit avec bienveillance. Il aime beaucoup Ulysse, un guerrier valeureux, un ami fidèle et un jeune homme subtil, universellement respecté. Il ferait un bon époux si Tyndare était maître du sort d'Hélène. Or, ce n'est pas le cas.

Il lui montre les prétendants réunis dans la grande salle de son palais :

– Tu es le quarante-quatrième !

Ulysse jette un regard de dépit sur la foule des jeunes hommes qui attendent fiévreusement la décision du roi de Sparte. Il reconnaît Agamemnon, roi de Mycènes, son frère Ménélas, et leur cousin, Palamède ; Ajax, roi de Salamine, Idoménée, roi de Crète, Pénéléos, prince de Béotie, Éléphénor, prince d'Eubée, et Diomède, prince de Calydon, le meilleur ami d'Ulysse.

– Je les connais tous ! soupire-t-il. Ce sont les meilleurs souverains de toute la Grèce, les plus riches, les plus puissants. Tu as bien de la chance !

– Tu crois ça ? maugrée Tyndare. Tu te trompes ! Je suis très embarrassé. Si je choisissais l'un d'entre vous, je me mettrais à dos tous les autres. Ils se ligueraient contre moi. Écoute-les !

Dans les jardins du palais, on entend tinter les armes et hennir les chevaux. Les rois sont venus avec leurs gardes. Parfois, les guerriers rivaux en viennent aux mains. Les Spartiates ont du mal à rétablir l'ordre.

– Laisse Hélène choisir librement, suggère Ulysse.

Tyndare secoue la tête d'un air soucieux :

– Ça reviendrait au même : les amoureux éconduits chercheraient à se venger d'elle, de moi. Trouve-moi un moyen d'échapper à cette malédiction, et je te vouerai une reconnaissance éternelle.

Ulysse passe la main dans ses longs cheveux épais comme du crin :

– Je te promets d'y réfléchir.

– En attendant, sois le bienvenu chez moi. Ma demeure est la tienne. Si j'avais eu un fils, j'aurais aimé qu'il te ressemble.

Séduit par la bonté du vieil homme, Ulysse se promène dans son palais et ses jardins. Derrière un bois sacré, au bord d'une rivière, il s'arrête pour méditer. C'est là qu'il rencontre Pénélope. Elle est fille d'Icarios, le frère de Tyndare, et de la naïade Périboea.

La jeune fille ne possède pas la beauté céleste d'Hélène, mais une douceur et une spontanéité qui le charment. Ils bavardent ensemble, ils jouent à la balle, ils se promènent, ils se taquinent gentiment, ils rient aux larmes. Pénélope admire le jeune roi d'Ithaque, son intelligence, son humour, son insolence. Il n'a pas la force d'Ajax, ni la beauté de Ménélas, ni la richesse d'Agamemnon. Mais elle le trouve plus charmant que tous les princes arrogants qui peuplent le palais de son oncle.

Comme ils cherchent leur balle perdue dans un buisson de lauriers, leurs mains se rencontrent et s'étreignent. Ulysse murmure avec émotion :

– Si tu étais mon épouse, je ne poserais plus jamais les yeux sur une autre femme que toi.

Elle sourit, malicieuse :

– Quel dommage que mon père me destine au roi Thestios !

– Ce vilain barbu ? gronde Ulysse. Tant pis, j'épouserai Hélène !

– Pour ton bonheur : ma cousine est beaucoup plus belle que moi !

– Surtout moins narquoise.

Pénélope retrouve son sérieux :

– Mon oncle a beaucoup d'influence sur mon père. Décide Tyndare, il persuadera son frère, et je serai ta femme.

– Juré ?

– Devant tous les dieux de l'Olympe, dit Pénélope avec gravité.

Ulysse sourit, puis il frappe dans ses mains :

– Un serment ! C'est ça, l'idée, un serment !

– Où vas-tu ? crie Pénélope en le voyant s'éloigner tout à coup.

– Exiger ta main !

La folie du roi d'Ithaque enchante la jeune fille. Décidément, elle est amoureuse de ce guerrier au corps rude et au cœur tendre. Elle se met à rêver, assise sur un rocher, au bord de la rivière. Pendant ce temps, Ulysse se présente devant Tyndare et lance d'un ton brusque :

– Accorde-moi la main de Pénélope !

Le roi de Sparte fronce les sourcils :

– Pénélope, ma nièce ? Je croyais que tu voulais épouser Hélène.

– J'aime Pénélope.

– Voilà une passion bien soudaine !

– Mais profonde et sincère.

Tyndare se caresse la barbe d'un air pensif, puis il soupire :

– Je ne suis pas le père de Pénélope. C'est à Icarios qu'il faut demander sa main.

– Tu as une grande autorité sur ton frère, seigneur, dit Ulysse avec hardiesse. On dit qu'il ne peut rien te refuser.

– Qui prétend cela ? Pénélope, je suppose.

– Obtiens-moi sa main et je t'indiquerai le moyen infaillible de marier ta fille sans t'attirer la rancune des autres soupirants.

Tyndare regarde Ulysse avec incrédulité :

– Tu ferais ça ?

– Bien sûr.

– Parle ! s'écrie Tyndare. Si tu dis vrai, aussi sûr que je suis maître de Sparte, Pénélope est à toi. Je m'y engage.

Ulysse sourit. Il s'approche du roi et lui parle à l'oreille. Quand il a fini, Tyndare éclate de rire et s'écrie :

– Tu as du génie, Ulysse ! Seul le dieu Hermès est plus malin que toi. Je vais faire exactement ce que tu me conseilles.

Le soir même, il réunit dans la salle du trône tous ceux qui aspirent à la main de sa fille. D'un geste tendre, il pousse Hélène devant lui, face aux princes.

– Ma fille va choisir son époux en toute liberté, annonce-t-il. C'est ce que j'ai décidé. Mais, auparavant, je veux que vous juriez tous de respecter sa volonté et de veiller sur le bonheur des futurs époux. Si un homme, quel qu'il soit, cherche à briser leur union, vous devrez vous allier contre lui et le combattre. Êtes-vous prêts à vous engager ? Répondez-moi avec sincérité.

Les prétendants s'inclinent devant Tyndare. L'un après l'autre, ils prêtent le serment solennel de protéger les deux époux. Alors, le roi de Sparte se tourne vers sa fille :

– Désigne celui que tu aimes.

Sans hésiter, Hélène se dirige vers Ménélas et lui baise la main en signe d'union. Les rivaux du prince l'acclament. De son côté, Pénélope applaudit discrètement Ulysse qui a réussi le prodige de désarmer les jaloux et d'obtenir sa main. « Il est génial, audacieux et je l'adore », soupire-t-elle.

Chapitre 2

LA FOLIE

Le messager de Sparte s'effondre, à bout de force. Pour arriver plus vite à Ithaque, il a couru huit jours entiers et vogué vers l'île en pleine tempête.

– Qu'on lui donne à boire ! ordonne Ulysse.

Il examine le courrier sous son masque de poussière :

– Je te reconnais : tu es l'un des officiers de Ménélas.

– Karos, dit l'homme.

Il boit longuement à la cruche que lui tend un serviteur avant d'expliquer :

– Pâris, le prince de Troie, a enlevé la reine.

– Hélène ? s'exclame Ulysse.

– Hélène, oui.

Après le mariage de sa fille, Tyndare a abdiqué et légué son royaume à son gendre. Ménélas est le nouveau roi de Sparte.

– Pâris l'a emmenée à Troie, poursuit Karos. Et le roi Priam, son père, refuse de rendre Hélène à son époux légitime sous prétexte que les dieux ont autorisé l'enlèvement.

Ulysse fronce les sourcils :

– Quels dieux ?

– Aphrodite, Apollon.

– Aphrodite, bien sûr… murmure Ulysse.

Il se souvient du jugement. Aphrodite, Athéna et Héra prétendaient chacune être la plus belle des déesses. Elles ont choisi Pâris comme arbitre, et le prince de Troie a désigné Aphrodite. En récompense, la déesse a jeté un charme à Hélène pour la détacher de Ménélas et la rendre éperdument amoureuse de Pâris.

– Que désire Ménélas ? demande Ulysse.

– Délivrer Hélène. Pour cela, il requiert l'aide de tous ceux qui ont juré de veiller sur son union. Il réunit une grande armée à Aulis afin d'attaquer Troie. Agamemnon, Ajax, Idoménée et Palamède ont déjà répondu à son appel. Ménélas a besoin de toi, Ulysse.

Le roi d'Ithaque incline la tête :

– C'est juste. Tu diras à ton maître que je rejoindrai sa flotte avec dix navires et huit cents hommes, mes meilleurs guerriers. En attendant, repose-toi. Demain, un bateau te reconduira sur le continent.

Pénélope a entendu la réponse d'Ulysse. Elle lui lance un regard éperdu :

– C'est vrai, c'est bien vrai, tu vas aller là-bas, en Asie ?

Ulysse sourit, rassurant :

– J'ai prêté serment, tu le sais bien. Mais la guerre sera courte. Je serai bientôt de retour.

Pénélope fait la moue :

– Troie est puissante, et ses alliés redoutables. Si tu ne revenais pas…

Elle prend des bras de sa nourrice le petit Télémaque, et le serre contre son cœur. Ulysse caresse les cheveux bouclés de l'enfant :

– Je reviendrai et je déposerai à tes pieds les bijoux de la reine de Troie.

– Je n'ai que faire des richesses ! soupire Pénélope.

– Tu regrettes d'avoir épousé un guerrier ?

– Non, bien sûr. J'admire ta force et ta vaillance. Mais je voudrais…

– Que veux-tu ? Dis-moi.

– Interroge les dieux.

Ulysse hausse les épaules :

– Un présage ? Si ça peut te rassurer.

Il interpelle Mentor, son ami et fidèle conseiller :

– Viens, allons consulter Calchas.

– Calchas ? s'exclame Mentor. Il est à l'autre bout du monde.

– Il est à Ithaque, tout près d'ici.

Descendant d'Apollon, Calchas a reçu le don de prophétie. Il passe pour le devin le plus habile de son temps. À la demande d'Ulysse, il observe le vol des oiseaux. Vingt colombes traversent le ciel d'ouest en est, comme si les dieux les envoyaient. Au moment de disparaître derrière les montagnes, elles font brusquement demi-tour et survolent le devin.

– Alors ? s'impatiente Ulysse.

Calchas caresse sa barbe d'un air pensif avant de se prononcer.

– Mauvais présage : si tu participes à la guerre de Troie, tu ne reverras ta patrie, ton épouse et ton fils qu'au bout de vingt ans.

– Vingt ans ! murmure Ulysse d'une voix sourde. Tu dois te tromper !

Le devin secoue la tête :

– Je voudrais bien ! Ce n'est pas tout : je peux t'affirmer aussi que tu seras seul à revoir Ithaque. Tous tes compagnons mourront !

– Huit cents hommes ?

– Huit cents, oui.

Après avoir remercié Calchas, Ulysse retourne dans son palais sans prononcer une parole. Il sait que le devin, inspiré par Apollon, ne peut pas faire d'erreur. En voyant son air abattu, Pénélope s'alarme. Mais elle a beau le presser de questions, il refuse de lui avouer la raison de son tourment.

Il annonce à ses soldats qu'ils vont partir en guerre. Cette nouvelle les réjouit. Ils commencent aussitôt les préparatifs, affûtent leurs armes, réparent leurs cuirasses de lin. Sans cesse ils vont demander conseil à Ulysse. Or le comportement du roi les déconcerte. Il leur tient des discours insensés, se met à rire à tout propos, oublie de s'habiller, égare ses armes.

Les hommes se regardent avec consternation :

– Le roi perd la tête !

Karos, averti du drame, se hâte de rentrer à Sparte. Là, il annonce la terrible nouvelle à Ménélas :

– Ulysse est devenu fou !

Superstitieux, le roi de Sparte voit dans cette disgrâce un mauvais présage pour l'issue de la guerre. Son frère, Agamemnon, est déçu : Ulysse est un grand stratège. Il comptait sur son courage et son intelligence. Son absence affaiblit l'armée grecque avant le départ de la flotte.

Palamède, cousin de Ménélas, éclate de rire :

– Cette folie, vous y croyez, vous ?

– Je l'ai vue de mes yeux, dit Karos.

– Ulysse est habile. Il veut peut-être nous tromper.

– Dans quel but ? demande Agamemnon.

– Pour rester chez lui.

Karos lui lance un regard incrédule :

– Par lâcheté ?

– Je réponds du courage d'Ulysse ! s'écrie Ménélas. Les dieux ont peut-être troublé son esprit, mais ils n'ont pas pu lui ôter sa vaillance. Je vais à Ithaque.

– Je pars avec toi, décide Palamède.

Huit jours plus tard, les deux cousins débarquent à Ithaque.

Pénélope les accueille avec respect. Cependant la reine, pâle et amaigrie, en proie à une douleur muette, n'est plus que l'ombre d'elle-même. Pris de pitié, Ménélas la serre dans ses bras. Il soupire :

– La situation est si dramatique ?

Pour toute réponse, Pénélope lui montre le rivage. Les soldats d'Ulysse, alignés le long de la plage, regardent avec consternation le roi d'Ithaque conduire sa charrue à quelques mètres de la mer. Le fou laboure le sable de la plage.

– Pauvre Ulysse ! se désole Ménélas.

Palamède observe la scène avec des sentiments très différents. Il note chaque détail, les yeux d'Ulysse, ses cris, ses gestes désordonnés, puis, soudain, il va prendre Télémaque dans son berceau. Il le soulève et l'emmène sur la plage. Là, il le dépose sur le sable, juste devant le sillon creusé par la charrue. Pénélope pousse un cri d'effroi. Les soldats s'élancent. Il est trop tard ! Le soc de bois dur est sur le point d'écraser l'enfant lorsqu'Ulysse arrête son attelage, saisit Télémaque et le presse dans ses bras. L'enfant rit en s'accrochant à sa barbe noire. Pénélope presse ses poings sur sa bouche. Ménélas, tout joyeux, se précipite vers le roi d'Ithaque :

– Tu n'es donc pas fou ?

Ulysse fronce les sourcils :

– Pas plus que toi !

– Mais, alors, pourquoi cette comédie ?

– Si je participe à l'expédition, on m'a prédit que je resterai absent vingt ans. Vingt ans ! À mon retour, mon fils sera un homme et je ne l'aurai pas vu grandir. Et qui sait où sera mon épouse ?

– Qui sait où sera la mienne ? soupire Ménélas.

Ulysse lui serre les mains avec amitié :

– C'est bien, je partirai avec vous. Je tiendrai mes promesses.

Les guerriers d'Ithaque, qui ont assisté à la guérison de leur roi, frappent leurs boucliers avec leurs glaives de bronze, en signe d'allégresse. Cette musique farouche épouvante le petit Télémaque, réfugié dans les bras de sa mère.

Chapitre 3

L'ÉCLAT DES ARMES

Agamemnon, chef suprême de l'armée grecque, est un homme imposant. Si ses cheveux flottants et sa longue barbe noire lui donnent l'allure d'un barbare, son maintien, plein de noblesse, rappelle qu'il est roi de Mycènes. En sa présence, Ulysse manifeste toutes les marques de respect dû à son rang, mais son intelligence subjugue l'esprit du roi des rois. Agamemnon est le bras de l'armée ; Ulysse en est le cerveau.

– Nous avons besoin d'Achille, insiste Ulysse.

Agamemnon rejette ses cheveux en arrière avec impatience :

– Nous avons mille vaisseaux et cent mille hommes.

– Troie en réunit tout autant.

– En comptant ses alliés.

– Nous avons cherché Achille, intervient Ménélas. Il a disparu.

Ulysse plisse les yeux d'un air ironique :

– Disons que sa mère, Thétis, l'a fait disparaître. Mais je saurai bien le trouver.

Idoménée secoue la tête, sceptique :

– Comment feras-tu ? La déesse a d'immenses pouvoirs. Contre elle, tu ne peux rien.

– Il ne suffit pas de découvrir Achille, ajoute Agamemnon. Encore faut-il ensuite le convaincre de participer à une guerre qui ne le concerne pas.

– Je le trouverai et je le persuaderai, assure Ulysse.

Palamède hausse les épaules :

– Si tu le dis…

Ajax frappe sa cuirasse de son poing fermé :

– Cette quête risque de durer des mois, des années.

Or, le temps presse, il faut attaquer. Chaque jour qui passe renforce la coalition troyenne.

Fils de Télamon, Ajax est le guerrier le plus formidable de l'expédition. Il mesure plus de deux mètres et sa force prodigieuse n'a d'égale que son courage. On prétend qu'il peut couper un chêne d'un seul coup d'épée.

– Si Achille se cache, ce n'est pas par lâcheté, ajoute-t-il. Je l'ai vu à l'œuvre chez notre maître, le centaure Chiron. Il n'a peur de rien et nul ne peut rivaliser avec lui, pas même moi.

Ulysse caresse sa barbe d'un air pensif :

– À mon avis, il ignore ce qui se prépare. S'il était au courant, il serait déjà là. Sa mère l'a mis à l'abri à cause d'une prédiction…

– Comme toi, en somme, raille Palamède.

Ulysse lui lance un regard meurtrier avant de poursuivre :

– Thétis sait que, s'il participe à notre expédition, Achille vaincra la plupart des héros troyens, mais qu'il succombera à son tour. Au lieu d'une longue existence, il connaîtra une vie brève et héroïque.

– Comment hésiter entre ces deux destinées ? s'exclame Ajax. La gloire…

– La déesse aime trop son fils pour le voir mourir à vingt ans !

– N'est-il pas invulnérable ? s'étonne Ménélas.

Ajax acquiesce :

– Si, enfin presque… Sa mère l'a plongé dans le Styx, le fleuve des Enfers, aux propriétés magiques. Ainsi protégé, aucune arme humaine ne peut blesser

Achille. Cependant, lorsqu'elle a accompli ce rite, Thétis tenait son fils par un talon, si bien que l'eau magique n'a pas baigné cet endroit de son corps. Le talon ! C'est là, et là seulement, qu'il est vulnérable. Une seule blessure au talon et il mourra. D'habitude, une sandale d'airain le protège. Mais Achille ne supporte pas la moindre gêne. Une partie de sa supériorité au combat vient de sa rapidité. Il ôte sa sandale pour courir plus vite.

– Impatient, intrépide, insensé, murmure Idoménée.

– Un demi-dieu.

– Nous avons besoin de lui, c'est vrai, admet Agamemnon d'un ton soucieux.

Ulysse acquiesce :

– Je partirai dès demain.

– Tu sais où le trouver ?

– Je crois. Où cacher un héros ?

– Chez les dieux ? suggère Agamemnon.

Ulysse secoue la tête :

– Impossible !

Palamède montre le sol :

– Sous terre ?

– Que veux-tu dire ? ironise Ulysse. Chez Hadès, le dieu des morts ? Pas encore !

Ménélas se frappe le front :

– Au milieu des guerriers les plus farouches : les Cimmériens, les Pélages…

– Les Abantes, dit Ajax.

Ulysse lève les yeux au ciel :

– Cacher un guerrier parmi les autres, vous parlez d'une trouvaille ! Thétis serait bien naïve !

– Dis-nous où chercher, toi, puisque tu es si malin ! grommelle Palamède.

Ulysse éclate de rire :

– Parmi les filles.

– Comment ça, parmi les filles ? Dans un gynécée ? s'exclame Idoménée.

– Exactement.

– Les filles ! gronde Ajax avec mépris. Un homme qui terrassait les sangliers à mains nues et se nourrissait exclusivement d'entrailles de lion ! Tu vois Achille apprendre le tissage et l'art de se maquiller ? Sais-tu que c'est l'insulter ? Si jamais il l'apprend, il pourrait vouloir te corriger de belle manière.

Ulysse fait un geste apaisant :

– Laisse-moi t'expliquer. À la cour de Lycomède, le roi de Scyros, on raconte qu'il y a une jeune fille d'une force peu commune. Elle se nomme Pyrrha la Rousse en raison de ses cheveux d'or cuivré. Lycomède la traite comme sa fille. Cependant, elle ne ressemble guère à ses sœurs, qui sont blondes et menues. En revanche, cette fille est le portrait craché d'Achille.

Ajax lève les bras au ciel :

– Dans un gynécée ! Tu ne me feras jamais croire une chose pareille !

– Admettons que ce soit lui, intervient Ménélas. Tu ne pourras pas l'enlever de force. Lycomède n'est pas notre allié. Il ne permettra jamais à un guerrier ennemi d'accéder aux appartements de ses filles.

– Un guerrier, non… murmure Ulysse d'un air énigmatique.

– Comment t'y prendras-tu ?
– Je ne sais pas encore.
En réalité, Ulysse a déjà imaginé un stratagème. Mais, superstitieux, il évite d'en parler à ses compagnons d'armes.

Deux semaines après l'assemblée des rois, un marchand venu d'Orient se présente à la cour de Lycomède. Ses coffres renferment des tissus, des robes, des ceintures, des bijoux, des parfums et des fards. Le bruit court que ses marchandises sont de pures merveilles. Les filles du roi supplient leur père de permettre au voyageur de pénétrer dans leurs appartements. Lycomède y consent.
Les esclaves du marchand déposent dix coffres de bois précieux dans le gynécée. Les jeunes filles se pressent autour des bagages avec une curiosité d'autant plus grande que l'homme les fait languir. Il attend qu'elles soient toutes rassemblées, puis entame un long discours sur les pays qu'il a traversés. En comptant leurs amies et leurs servantes, les jeunes filles sont au nombre de soixante.
– Dépêche-toi ! dit l'aînée des princesses, Déidamie.
Le marchand réprime un sourire :
– Patience ! Mes bijoux ne se terniront pas et mes tissus ne se faneront pas.
– Ce sont tes discours qui sont usés. Si tu n'as rien d'autre à vendre, je te conseille de les porter ailleurs.
– J'ai encore ceci, murmure le marchand d'un air négligent.

Il ouvre ses coffres un à un. À la vue des merveilles qu'ils contiennent, les filles du roi oublient son insolence. Elles s'extasient devant la finesse des tissus et la beauté des bijoux. Elles s'habillent, se parent d'or et de rubis, respirent les parfums. Leurs servantes les coiffent et les fardent.

Au milieu des rires et des cris d'admiration, soudain, l'homme tire d'un coffre une épée et une armure tout aussi magnifiques. L'éclat des armes attire l'une des filles qui se tenait dissimulée jusqu'alors à l'autre bout de la pièce. C'est Pyrrha. Le marchand la reconnaît à sa chevelure aux reflets rouges. La jeune fille lève l'épée vers le ciel, elle éprouve le tranchant de sa lame sur sa langue. Puis elle se débarrasse de sa robe pour revêtir l'armure, et devient un guerrier magnifique.

– Tu es Achille, fils de Thétis, n'est-ce pas ? dit le marchand.

Le jeune guerrier dévisage le marchand avec curiosité :

– Toi, qui es-tu ?

L'homme ôte son manteau et son bonnet. Il porte des habits guerriers.

– Ulysse, roi d'Ithaque, l'un des chefs de la grande armée qui s'apprête à assiéger Troie. Sans toi, Achille, il est écrit que nous ne pourrons pas nous rendre maîtres de la cité.

– Tu es venu me chercher ?

– C'est exact.

– Tu as bien fait. J'ai hâte de combattre.

– Thétis, sans doute, ne le permettra pas.

– Je parlerai à ma mère. Elle m'écoutera.

Ulysse sourit : il a remporté sa première victoire. Dans son armure étincelante, Achille ressemble à un dieu.

Chapitre 4

L'ARCHER

Ulysse contemple avec répugnance l'immense champ de bataille devant les murs de Troie. Les combats s'achèvent toujours au crépuscule. Ce soir-là, la plaine est couverte de cadavres et la terre est imbibée de sang d'un horizon à l'autre.

Révolté par la mort de Patrocle, son meilleur ami, Achille s'est déchaîné. Son épée a fauché les Troyens comme la faux d'un moissonneur les épis de blé. Le Scamandre, le fleuve sacré incrusté dans la plaine de Troie, s'est révolté. Submergé de cadavres, il a débordé et tenté de noyer Achille, responsable du grand massacre. Héphaïstos, le dieu du feu, a dû intervenir pour l'obliger à rentrer dans son lit.

– Ce fleuve porte bien son surnom : Xanthe le Rouge, fait observer Diomède.

Ulysse lui lance un regard moqueur :

– Ce n'est pas à cause du sang, mais de ses vertus qu'on l'appelle ainsi. On raconte qu'avant de se présenter devant Pâris pour être sacrée la plus belle des Immortelles, Aphrodite a trempé sa chevelure dans ses eaux. Ce sont elles qui lui ont donné ses reflets d'or pur.

– En attendant, Troie résiste toujours malgré la mort de centaines de ses guerriers.

– Les Troyens ont reçu de nouveaux renforts de Thrace et d'Alybé.

– Qui sait combien durera encore cette guerre impitoyable ? soupire Diomède.

Les deux amis regagnent mélancoliquement le camp des Grecs. Il pleut. Les Grecs se réfugient chaque soir derrière leurs palissades, au milieu de leurs vaisseaux hissés sur le rivage. Cette précaution est nécessaire : à la faveur de l'obscurité, les Troyens envoient des patrouilles incendier les navires.

Il fait froid. La nourriture est insuffisante. Et le dieu des rats, Apollon Smintheus, répand des épidémies mortelles parmi les assaillants.

À leur arrivée, Ulysse et Diomède trouvent le conseil des chefs réuni sous la tente d'Agamemnon. Achille est absent : même s'il a repris le combat, sa rancune à l'égard du roi des rois, coupable de lui avoir enlevé la douce Bryséis qu'il aimait tendrement, est encore vivace.

Pendant que la famine guette les Grecs, leurs ennemis chantent et se restaurent à l'abri derrière leurs remparts.

– Ils feraient mieux de pleurer leurs morts ! gronde Nestor.

Le vieux roi est le maître des chars, un guerrier redouté malgré son âge avancé.

Diomède hausse les épaules :

– Ils n'agissent pas ainsi par impiété, mais pour nous montrer qu'ils peuvent tenir encore cent ans.

Ajax acquiesce avec une expression farouche :

– Ils sont nombreux, déterminés et bien approvisionnés.

Ménélas lance un bref coup d'œil à son frère comme s'il voulait le prendre à témoin :

– Le siège risque de s'éterniser.

– Que prophétise Hélénos ? demande Agamemnon.

Ajax regarde le ciel d'un air dégoûté :

– Encore un oiseau de mauvais augure. Comme si on n'en avait pas assez autour de nous !

– Hélénos est le fils de Priam, un Troyen ! fait remarquer Palamède avec mépris.

– Un grand devin, malgré tout.

– Les murs de Troie ne tomberont pas sans l'aide de l'arc d'Héraclès, c'est ce qu'il affirme, dit Ménélas.

– Autrement dit, jamais, grommelle Diomède.

Ménélas le dévisage avec réprobation :

– Pourquoi ça ?

– Comme si tu ignorais où se trouve cet arc !

– Il est en possession de Philoctète. Il faut aller le chercher.

– Tu oublies un petit détail : Philoctète était notre ami et nous l'avons abandonné. Il doit se morfondre depuis des années sur l'île de Lemnos, s'il n'est pas mort.

Ménélas écarte les bras en signe d'impuissance :

– Sa piqûre de serpent s'était envenimée. Il souffrait trop pour continuer le voyage.

– Dis plutôt que ses hurlements de souffrance nous incommodaient !

– Ils dérangeaient les dieux, réplique Ménélas. Souviens-toi : nous ne pouvions plus interroger les augures.

– Tu l'as abandonné, mais tu veux lui prendre son arc, je te souhaite du plaisir, ironise Diomède.

– Ce n'est pas moi qui ai pris cette décision ! proteste Ménélas.

Agamemnon lève la main pour apaiser la dispute :

– C'est moi.

– Sur mes conseils, avoue Ulysse.

Diomède applaudit bruyamment :

– Sage résolution ! Sans Philoctète, pas d'arc ni de flèche. C'est Héraclès qui les lui a donnés pour le remercier de l'avoir aidé à édifier son bûcher sur le mont Œta. Je serais étonné qu'il accepte de vous aider. Moi, à sa place…

Agamemnon se dresse si brusquement qu'il envoie son tabouret de fer hors de sa tente :

– Assez de railleries ! Nous avons besoin de cet arc. L'oracle est formel : sans lui, jamais nous ne gagnerons la guerre.

Il s'interrompt pour dévisager Ulysse. Tous les rois suivent son regard.

– Moi ? s'exclame Ulysse, incrédule. Vous voulez me charger de cette mission ? Vous n'êtes pas sérieux ?

Agamemnon hoche la tête :

– Toi seul peux convaincre Philoctète de revenir parmi nous.

– Toi seul, répètent les autres.

Ils laissent Ulysse méditer en silence et évoquent la bataille du lendemain. Au bout de quelques minutes, Ulysse quitte la tente du roi des rois. Diomède se lève à son tour. Sur le rivage, il saisit le bras de son ami :

– Dis-moi que tu ne vas pas accepter !

– Tu les as entendus ? soupire Ulysse. Ils comptent sur moi. Cette guerre n'a que trop duré !

Diomède hausse les épaules :

– C'est une perte de temps : Philoctète refusera de te parler.

– Ce n'est pas certain.

– Pourquoi le ferait-il ?

– Parce que je vais lui apporter une chose dont il a besoin.

– Quoi donc ?

– L'espoir.

Deux jours plus tard, Ulysse aborde sur l'île de Lemnos. À quelques pas du rivage, Philoctète gît dans une cabane, le corps ravagé et l'esprit égaré par la souffrance. Une puanteur atroce, émanant de sa plaie, rend l'air irrespirable.

– Allez-vous-en ! supplie le blessé. Laissez-moi en paix !

– En paix ? dit Ulysse en s'asseyant à côté de son grabat. Tu sais très bien que tu ne guériras jamais. Je connais ton secret.

– Quel secret ? gémit Philoctète.

Diomède regarde son compagnon avec indignation, comme s'il le soupçonnait de tromper le mourant.

– Ce n'est pas un serpent qui t'a blessé au pied, mais une flèche d'Héraclès, l'une de celles qu'il a trempées dans le venin de l'hydre de Lerne, un poison fatal.

– Un accident stupide, murmure Philoctète d'une voix éteinte.

Ulysse se penche à son oreille et chuchote :

– On raconte qu'Héraclès a voulu te punir pour avoir révélé le lieu de sa mort, en dépit de ta promesse.

– Mensonge ! crie Philoctète.

Il tente de se redresser et retombe, vaincu, sur son lit de douleur.

– Peu importe, dit Ulysse. Moi, je connais le moyen de te guérir.

– Encore une de tes ruses ! crache le blessé d'un ton haineux.

– Pas du tout, répond Ulysse sans s'émouvoir. Nous avons, dans notre armée, Podalirios et Machaon. Ces noms n'évoquent rien pour toi ?

– Les fils d'Asclépios ! s'exclame Philoctète.

– Les fils du dieu de la médecine, oui. Ils ont hérité de leur père l'art de guérir. J'ai pour mission de te ramener auprès d'eux. Podalirios soulagera ta souffrance. Machaon guérira ta plaie. C'est un grand chirurgien. Réfléchis.

– Admettons que j'accepte, que devrai-je faire en échange ? soupire le blessé.

– Combattre à nos côtés une fois guéri, dit Ulysse.

L'archer le dévisage d'un air soupçonneux :

– C'est tout ?

Ulysse met la main sur son cœur :

– Je te le jure.

Philoctète ferme les yeux :

– C'est bien, amenez-moi devant les murs de Troie. N'est-ce pas là où je devais me rendre et mourir ? Mon sort sera le même, mais ma mort sera glorieuse au lieu d'être sordide.

Le héros lance un ordre. Aussitôt, deux robustes serviteurs, postés au seuil de la cabane, comme si Ulysse n'avait jamais douté de l'issue heureuse de l'entrevue, empoignent le lit du blessé et le soulèvent pour le transporter jusqu'au bateau. À la moindre secousse, Philoctète laisse échapper des cris de douleur.

– Ses hurlements n'ont pas l'air de t'importuner, aujourd'hui, ironise Diomède.

– J'en ai entendu d'autres depuis ! réplique Ulysse. Et c'est pour ne plus les entendre que je le ramène sur le champ de bataille.

Il ramasse avec précaution le grand arc d'Héraclès et les flèches empoisonnées.

– Les armes de la victoire ! s'exclame-t-il, admiratif.

Diomède grimace un sourire sceptique :

– Tu crois réellement qu'elles suffiront à abattre les murs de Troie ?

– Tu ne crois pas aux oracles ?

– Pas toujours.

– Tu as tort ! dit Ulysse d'un air sombre. Le mien se vérifie : voilà neuf ans déjà que je n'ai pas revu Pénélope !

Chapitre 5

LA STATUE AUX VERTUS DIVINES

– Il faut à tout prix enlever le Palladion !

En entendant ces mots, lancés par le roi des rois, les visages des chefs de l'armée grecque expriment la stupeur. Agamemnon a-t-il perdu la tête ? Le Palladion est la statue sacrée de la déesse Athéna et elle protège Troie.

– Pour voler le Palladion, il faut d'abord prendre la ville, fait remarquer Ajax avec une pointe d'ironie.

– Or, tant que la statue sera à l'abri de remparts, la cité sera imprenable, ajoute Pénéléos.

– C'est pourquoi nous devons nous emparer du Palladion afin de voir s'écrouler ces maudites murailles ! enrage Agamemnon.

– Encore une prédiction d'Hélénos, grommelle Nestor. Après l'arc, la statue !

– Ça ne finira jamais ! soupire Diomède.

– C'est justement pour que ça finisse ! réplique le roi des rois.

– Tu as un plan pour réaliser cet exploit, je suppose, intervient Ulysse.

Agamemnon balaie l'assemblée des chefs d'un geste large :

– Ce plan, bâtissons-le ensemble !

– Nous demander notre avis ? Quelle générosité ! raille Diomède.

– On ne sait même pas où se trouve la statue, fait remarquer Ulysse.

Le roi des rois hausse les épaules :

– Elle est dans le temple de la déesse, forcément !

Ulysse caresse sa barbe d'un air songeur :

– Forcément ? Rien n'est moins sûr. Pour décourager

les voleurs, les Troyens ont fait des copies de cette maudite statue. Il en existe au moins dix, peut-être davantage. On ignore où est la vraie, celle que Zeus a lancée du haut de l'Olympe, un jour de colère. Seul ce Palladion, sculpté de la propre main de la déesse, est doté de pouvoirs divins.

Palamède lance un regard moqueur au roi d'Ithaque :

– Malin comme tu l'es, tu sauras bien reconnaître l'original.

– Le problème n'est pas de découvrir la statue, mais d'entrer dans la cité sans se faire repérer, murmure Ulysse, les yeux dans le vague.

– C'est aussi mon avis, dit Agamemnon.

– Une vraie folie ! s'exclame Diomède. Pour franchir les remparts, gardés nuit et jour par des milliers de guetteurs, il faudrait être un dieu.

– Ou une déesse, soupire Idoménée.

Tous les chefs acquiescent en silence. L'exploit est impossible. C'est ce qui incite Ulysse à relever le défi.

– J'irai, lance-t-il.

– Avec cent guerriers, une attaque foudroyante, en pleine nuit, s'enflamme Ménélas.

– Seul !

Les chefs regardent Ulysse avec incrédulité. Le roi d'Ithaque a beau être astucieux et téméraire, s'il tente de franchir la muraille, il s'expose à une mort certaine. Plusieurs ont tenté l'aventure, aucun n'est revenu.

– Tu es sûr de toi ? demande Nestor.

Ulysse sourit :

– Non, bien sûr. Sinon, où serait le mérite ? Athéna

veillera sur moi. Après tout, il s'agit de sa statue favorite. Et, depuis que Pâris lui a préféré Aphrodite, elle ne porte pas les Troyens dans son cœur. Elle l'a prouvé maintes fois sur le champ de bataille. Au cours des combats, elle m'a sauvé la vie à trois reprises.

Idoménée s'enthousiasme aussitôt :

– Il faudrait qu'Athéna te rende invisible. Demande-lui de te procurer le casque d'Hadès, le dieu des morts. Elle l'a obtenu pour Persée. C'est ainsi qu'il a pu vaincre Méduse.

Ulysse éclate de rire :

– Elle pourrait aussi bien me livrer la statue ici même, ça m'éviterait le déplacement.

Les chefs se mettent à rire à leur tour. Seul Diomède affiche un air tragique. Il prend Ulysse à part :

– Tu es las de la vie ?

– Je suis las des combats. La plupart de mes compagnons sont morts…

– Je suis encore vivant, moi, dit Diomède.

Ulysse lui presse l'épaule avec amitié :

– C'est pour que tu le restes que je vais me glisser dans ce nid de serpents.

– Admettons que tu arrives à pénétrer dans la ville. Une fois là-bas, que feras-tu ?

– Une femme m'aidera.

– Une femme ? Une Troyenne ?

– Hélène.

– L'épouse de Pâris ? Tu as perdu la raison ! Elle te livrera à Priam. Les Troyens te réserveront un sort atroce pour venger tous les héros que tu as massacrés.

Ulysse secoue la tête :

– Hélène est guérie de la folie amoureuse qu'Aphrodite a insérée traîtreusement dans son cœur. Elle a honte de sa conduite et rêve maintenant de retrouver Ménélas. Les Troyens la retiennent contre son gré. Elle est leur otage.

Diomède sourit d'un air sarcastique :

– Si tu le dis…

– Pas moi, Athéna.

« La déesse lui parle, c'est possible, pense Diomède. Mais ça ne prouve rien. Les dieux s'amusent souvent à égarer les humains. »

– Tu vas m'aider, dit Ulysse.

Le visage de Diomède s'illumine. Il préfère ce langage-là.

– Je veux bien. Avec la blessure que tu as reçue tout à l'heure, un enfant te désarmerait.

– Mes plaies vont me servir. Procure-moi une cuirasse troyenne. Pas trop précieuse, et défoncée, de préférence. Quelques guenilles aussi, et une épée brisée, la poignée me suffira. Aux yeux des Troyens, je serai un rescapé de la grande bataille que nous avons livrée. De cette façon, j'entrerai dans la cité. Toi, tu m'attendras près des remparts pour m'aider à rapporter le Palladion.

– S'il te faut un valet, je peux t'en fournir un, obéissant et robuste. Inutile de me déranger, bougonne Diomède.

Ulysse bouscule son compagnon d'armes en riant :

– Diomède rouspète ! Il y avait longtemps…

La nuit venue, Ulysse se dirige en boitant vers la porte Noire. Les guerriers de Priam font bonne garde devant le rempart. Cependant, avec ses armes brisées, son corps sanglant et son visage couvert de boue, Ulysse est méconnaissable. On le laisse entrer. Des soldats munis de torches l'escortent jusqu'à une place où des veuves prodiguent leurs soins aux blessés.

Parmi elles, Ulysse repère tout de suite Hélène sous son voile de deuil. La jeune femme est toujours aussi belle. Le temps glisse sur elle sans laisser de traces. À sa vue, les guerriers blessés reprendraient vie.

Les beaux yeux verts s'attachent aux siens. Elle s'approche, lui prend la main et murmure :

– Viens !

Elle le conduit au palais des fils du roi. Là, elle donne des ordres. On lui obéit comme à une reine. Des servantes apportent des linges, des onguents et du vin. Hélène les renvoie aussitôt. Elle aide elle-même le blessé à ôter sa cuirasse. Elle le lave. Puis, tout en soignant ses plaies, elle murmure :

– Tu es le roi d'Ithaque, n'est-ce pas ?

Il la regarde avec étonnement, car depuis leur dernière entrevue, il a bien changé.

– Je suis Ulysse, oui.

– Que viens-tu faire, ici, au milieu de tes ennemis ?

– Te voir, te parler.

Les yeux verts de la reine plongent au fond des siens et le font frissonner. Elle est habituée aux pièges des hommes, et elle sait les déjouer quand Aphrodite ne s'en mêle pas.

– Dis-moi la vraie raison !

– Je suis venu dérober le Palladion.

– La statue protectrice, bien sûr… Ulysse, le rusé, le voleur…

Les belles lèvres d'Hélène se pincent. Il lui suffirait d'un geste, d'un cri, pour alerter les gardes et décider de son sort. Le cœur d'Ulysse s'arrête de battre pendant quelques instants. Cependant, après une brève lutte intérieure, Hélène murmure :

– Sans moi, jamais tu ne trouveras la statue divine.

Elle l'aide à rattacher sa cuirasse, puis elle envoie chercher un casque et un long manteau qui dissimule le héros. Quand il est prêt, elle le conduit jusqu'au temple d'Athéna. Elle ordonne :

– Attends-moi ici. Les prêtres ne doivent pas te voir.

Elle disparaît à l'intérieur de l'édifice. Son absence s'éternise. Des Troyens passent dans la rue. Ils observent avec curiosité ce guerrier en armes devant un temple consacré. Mais il s'agit du temple d'Athéna, une déesse guerrière. Un soldat interroge Ulysse. En la circonstance, le héros se félicite d'avoir appris la langue de Troie. Pour dissimuler son accent, il simule l'ivresse. Le soldat s'éloigne. Soudain, quelqu'un surgit de l'ombre. Ulysse sursaute, puis il se rassure : c'est Hélène. Elle lui tend un objet enveloppé dans un linge blanc. La statue ! Il l'imaginait plus volumineuse et plus lourde. Il peut la cacher sous son manteau.

Hélène le précède le long des rues. Quand ils arrivent en vue des remparts, elle pose la main sur son bras et chuchote :

– Mon époux, comment va-t-il ?

– Ménélas a été blessé, mais il est guéri, et toujours aussi vaillant.

– Tu lui diras…

Elle n'achève pas sa phrase. Elle presse le pas en direction de la porte Noire. Les vantaux d'airain sont fermés. Les gardes s'inclinent devant elle. Ils ouvrent la porte. Éblouis par la beauté de la princesse, ils ne voient pas Ulysse se glisser hors des murs.

Diomède attend à cinq cents mètres de là avec leurs chevaux. Ulysse saute en croupe et brandit victorieusement le Palladion. Troie est maintenant vulnérable. Hélène s'est vengée d'Aphrodite, qui l'a forcée à trahir Ménélas, l'homme qu'elle aimait.

Chapitre 6

LE CHEVAL DE TROIE

Dix ans ont passé depuis le départ de la grande flotte grecque d'Aulis. Les Grecs se sont battus avec fureur. Les Troyens les ont égalés en force et en bravoure. De nombreux héros sont morts, en particulier les deux plus glorieux, Achille, et Hector, le fils de Priam.

Cependant, Troie résiste toujours.

– Nous avons pourtant rempli toutes les conditions exigées par l'oracle ! tonne Agamemnon. Les dieux se moquent de nous !

– Ne parle pas ainsi ! dit Calchas.

Le ton du devin est sévère. On n'insulte pas impunément les divinités de l'Olympe.

– Aphrodite et Apollon défendent encore la cité. Quant à Arès, il massacre toujours à tort et à travers ! poursuit le roi des rois avec rancune.

– Athéna, Héra, Poséidon et Héphaïstos combattent dans notre camp, je te rappelle, réplique le devin. Troie est à notre merci.

– Derrière ses murailles ! gronde Agamemnon. Nous avons tout essayé. La ville est imprenable. Nos armes sont émoussées, nos hommes épuisés.

– Les Troyens aussi, fait remarquer Idoménée.

– Un cheval ! s'écrie soudain Ulysse.

– Tu veux renverser ces murs cyclopéens avec une bête ? raille Eurimaque.

– Pourquoi pas ?

Les chefs regardent Ulysse avec consternation. Certains s'esclaffent, mais leurs rires sont teintés d'amertume. Comment peut-on plaisanter dans une circonstance aussi dramatique ? Les reproches fusent. Calchas rabroue les adversaires du héros :

– Taisez-vous ! Laissez-le parler !

Le devin a senti que la déesse Athéna inspirait les paroles du roi d'Ithaque.

– Un gigantesque cheval de bois, poursuit Ulysse dans une sorte d'illumination.

Ménélas fronce les sourcils :

– Que veux-tu faire de cette chose ?

Ulysse sourit d'un air mystérieux :

– Rien. Nous le laisserons sur le rivage après avoir pris la mer. Les Troyens croiront que nous avons renoncé, que la guerre est finie, que nous sommes vaincus et qu'ils sont vainqueurs. Ils emmèneront le cheval dans la cité comme un trophée. Or, dans ses flancs, nos hommes seront cachés : cinquante guerriers d'élite. La nuit, ils sortiront, occuperont les points stratégiques et préviendront le reste de l'armée.

Agamemnon secoue la tête, sceptique :

– Rien ne prouve que les Troyens accepteront cette chose, un monument construit par leurs ennemis ! Ils peuvent aussi bien le précipiter dans la mer et noyer nos guerriers !

– Pas s'il s'agit d'une offrande à Athéna, intervient Calchas.

Idoménée lève les yeux au ciel :

– Une offrande en quel honneur ?

– Pour nous faire pardonner le vol du Palladion, par exemple, dit Ulysse. Il faut que le don soit magnifique, un cheval gigantesque, une vraie montagne !

– S'il est trop grand, les Troyens ne pourront pas l'introduire dans la cité, objecte Philoctète.

– Justement, rétorque Ulysse. Pour le faire, ils devront abattre une partie des remparts et exposer la cité au retour de l'armée.

Euryale hausse les épaules :

– C'est l'idée la plus folle que j'aie jamais entendue !

Les autres sont déconcertés. Le projet est insensé, c'est sûr. Cependant Ulysse a démontré son ingéniosité à maintes reprises. S'il avait raison ? Ménélas quête l'approbation de son frère :

– Pourquoi ne pas essayer ?

– Qu'est-ce qu'on risque ? soupire Agamemnon.

Dès le lendemain, ils convoquent Épéios, un célèbre architecte, et lui commandent le cheval décrit par Ulysse à l'instigation d'Athéna. Le roi des rois met des centaines d'hommes à sa disposition. Épéios fait abattre des forêts entières. La construction exige plusieurs semaines. Le ventre du cheval de bois a les dimensions d'une carène de navire, suffisantes pour contenir la petite troupe. Sur le cou et la crinière, on répand de la poudre d'or. Les dents sont en ivoire. Le mors est en bronze. Les sabots sont recouverts d'écaille. Lorsque le cheval est terminé, Épéios fixe des roues sous chaque sabot afin de permettre aux Troyens de le déplacer plus facilement. Puis les guerriers d'élite, commandés par Ulysse, Ménélas et Diomède, s'introduisent dans le ventre de la bête avec de l'eau et des provisions. La trappe, invisible, se referme sur eux.

Les Grecs montent alors à bord de leurs navires et

s'éloignent après avoir brûlé leurs palissades et leur camp. L'incendie alerte les Troyens. Ils dépêchent six hommes en reconnaissance. Ceux-ci reviennent en toute hâte annoncer que leurs ennemis ont levé l'ancre. Ils sont partis ! Le pays est libéré !

– Impossible ! s'écrie Priam.

– Avant d'embarquer, ils ont laissé un trésor ! s'écrie un éclaireur.

– Un cheval haut comme une montagne ! ajoute l'un de ses compagnons.

Intrigué, le roi envoie une petite armée sous la conduite de Pandare. Les soldats tombent en admiration devant le précieux monument. Ils n'ont jamais rien vu d'aussi étonnant.

– Soyez prudents ! ordonne Pandare. Surveillez la mer, fouillez les environs. Il s'agit peut-être d'une ruse.

Pandare est un homme avisé et un archer extraordinaire. Il saisit l'arc et les flèches que lui a offerts Apollon, prêt à toute éventualité. Mais les Grecs ont bien quitté le royaume. Après avoir exploré la plaine et les collines, ses hommes ramènent un prisonnier, un seul. Celui-ci est couvert de blessures de la tête aux pieds.

– Qui es-tu ? demande Pandare.

– Un Grec. Je m'appelle Sinon, gémit le blessé. Mes amis m'ont accusé de trahison et lapidé. J'ai échappé à la mort par miracle, grâce à Athéna qui connaît ma loyauté.

Pandare et ses guerriers examinent leur prisonnier. Son corps n'est qu'une plaie. Il est maigre, il a subi des privations. La conclusion s'impose : il dit la vérité.

Sinon se répand en imprécations sur ses anciens compagnons d'armes :

– Les lâches sont partis. Ils espèrent rentrer chez eux. Que Poséidon les engloutissent tous jusqu'au dernier. Aucun n'a jugé bon de prendre ma défense, alors que j'ai combattu à leurs côtés pendant des années, j'ai sauvé la vie de certains. La défaite les a rendus fous !

Les Troyens, le voyant affamé, lui donnent à boire et à manger.

– Que signifie ce cheval ? demande Pandare.

Sinon tord la bouche en signe de mépris :

– C'est une offrande à Athéna. Le vol du Palladion a révolté la déesse. Ce monument est censé apaiser sa colère. Les idiots ignorent que ce cheval protègera votre cité comme le faisait le Palladion, si vous arrivez à le transporter à l'intérieur des murs de Troie.

– La statue est beaucoup trop grande, dit Pandare. Elle ne franchira jamais les portes.

Il caresse les sabots d'écaille et les dents d'ivoire.

– Les tempêtes le détruiront. Dommage !

L'un de ses hommes est chargé de prévenir le roi. Priam ne tarde pas à arriver, entouré des chefs troyens et des membres de sa famille. Lui aussi tombe en extase devant l'œuvre d'art. Cependant, tous ne partagent pas son émerveillement.

– Un cadeau des Grecs ? Brûlons-le ! s'écrie Énée.

Priam fait signe au héros de se taire :

– Veux-tu offenser Athéna ? Ce présent ne nous est pas destiné. Il appartient à la déesse, qui a préservé Troie. Voici ce que nous allons faire : tous ensemble, nous pousserons le cheval vers la cité en chantant des cantiques à sa louange. S'il le faut, nous démonterons les portes et détruirons une partie des remparts pour l'amener jusqu'au temple d'Athéna. C'est là qu'il demeurera, devant le péristyle.

En entendant les paroles du roi, sa fille, Cassandre, se jette devant le cheval et adjure les siens :

– Ne touchez pas à cette bête immonde ! Brûlez-la comme le conseille Énée. Elle transporte la mort. Dans ses entrailles de bois, il y a des guerriers. Je les entends, je les vois. Ils attendent l'instant propice pour vous assaillir et vous égorger.

Cassandre est une grande prophétesse. Amoureux d'elle, Apollon lui a donné la faculté de prédire l'avenir à condition d'être aimé en retour. Cassandre le lui a promis. Mais, après avoir reçu son merveilleux présent, elle a repoussé le dieu. Pour la punir, Apollon lui a laissé le don de prophétie, tout en lui retirant celui de la persuasion. Depuis ce jour, Cassandre annonce ce qui va arriver et nul ne la croit jamais.

Sur l'ordre du roi, les Troyens abattent une partie des remparts. En longue procession, sur un chemin semé de pétales de fleurs, ils amènent le cheval jusqu'au cœur de leur cité. Là, ils fêtent leur triomphe. Ils ont chassé les Grecs, délivré leur territoire.

Au cours de la nuit, ivres et repus, les Troyens s'endorment. Alors, Sinon, qui est le cousin d'Ulysse, se glisse jusqu'au cheval d'Athéna. Il fait jouer le mécanisme secret de la trappe et libère Ulysse et ses compagnons. Les Grecs se répandent silencieusement dans la cité.

– Préviens Hélène, ordonne Ménélas à Diomède.

– Elle va nous trahir ! s'affole Philoctète.

Ulysse le rassure :

– La mort de Pâris l'a libérée définitivement du charme d'Aphrodite. Elle n'a rien oublié de sa patrie et de ses premières amours.

Diomède s'empresse d'obéir. Hélène l'accueille avec joie. Elle cache les guerriers, puis elle donne elle-même le signal de l'attaque en allumant un feu au sommet des remparts pour prévenir la flotte grecque, qui revient d'une île proche où elle était dissimulée.

Les Grecs envahissent la ville sans défense. Le massacre commence, suivi d'un incendie. Au petit jour, l'orgueilleuse cité, qui a résisté dix ans à tous les assauts, n'est plus qu'un gigantesque amas de cendres.

Chapitre 7

AU PAYS DE L'OUBLI

Après la victoire grecque, Ulysse s'embarque aussitôt sur ses douze vaisseaux rouges, chargés de richesses, pour regagner son royaume.

Sur les huit cents guerriers partis avec lui, il n'en reste plus que trois cents. Des hommes fidèles, héroïques, souvent cruels, endurcis par la longue guerre qui s'est achevée par la ruine de Troie.

Chacun emporte sa part de butin. Ulysse veille jalousement sur la sienne : trois coffres d'or et de joyaux, et les armes d'Achille, forgées par Héphaïstos à la demande de Thétis. Des armes de demi-dieu. Le héros est impatient de revoir Pénélope et de goûter un repos mérité.

La première escale de sa flotte est Ismaros. La ville prospère appartient aux Cicones, alliés des Troyens et ennemis des Grecs. À peine débarqués, ses compagnons entreprennent de piller la ville et de massacrer ses habitants. Le port est riche ; le butin considérable. Cependant, Ulysse est las des pillages et des tueries. Il essaie en vain d'éviter l'effusion de sang. Ses hommes lui désobéissent. Il doit se battre contre eux pour sauver Maron, prêtre d'Apollon et petit-fils de Dionysos.

Reconnaissant, Maron lui offre dix jarres d'un vin doré, promesse de rêves merveilleux.

Cependant, ignorant les consignes d'Ulysse, ses compagnons continuent à piller le pays. Révoltés par les ravages dont ils sont victimes, les Cicones déferlent en masse. Les Grecs sont refoulés vers leurs navires. Ils embarquent en toute hâte. Pas assez vite, pourtant : six d'entre eux périssent.

Ulysse ne décolère pas :

– Je ne sais pas ce qui me retient de vous jeter à la mer. Vous n'êtes donc pas lassés de tuer, de détruire, de piller, de brûler ?

– Nous sommes des guerriers ! proclame Péritalos.

Ulysse brandit son épée et fracasse un coffre, puis il s'en prend au butin de Péritalos, qu'il réduit en miettes.

– Des barbares, voilà ce que vous êtes ! De vulgaires pirates ! À partir de maintenant, je vous préviens, vous m'obéirez. Sinon, par tous les dieux, je vous jure que je vous abandonnerai sur une île déserte !

– Nous étions ivres ! proteste Politès.

– Ivres de carnage !

Ulysse regarde avec mépris son vieux compagnon d'armes. Politès n'était pas le dernier à massacrer des innocents. Ulysse a fait la même chose, mais, à présent, le sang le répugne, jusqu'au prochain combat, sans doute.

Il conseille d'un ton radouci :

– Désormais, buvez de l'eau, et ne touchez sous aucun prétexte au vin de Dionysos. Nous lui ferons honneur une fois rentrés à Ithaque.

Tous baissent la tête et jurent de lui obéir. La flotte s'éloigne du rivage. Les marins rament avec vigueur. Ils chantent en cadence. Rassasiés de combats, ils ont hâte, eux aussi, de revoir leur patrie. Mais, au crépuscule, comme ils cherchent un refuge pour la nuit, une tempête se lève. Le vent du nord, qui souffle en rafales, pousse les navires vers le grand large. Pendant deux nuits et deux jours, ils luttent contre les éléments déchaînés. Des éclairs sillonnent le ciel. L'un d'eux frappe le mât d'un navire et brûle sa voile, malgré les paquets de mer qui s'abattent sur le pont. Euryloque se couvre le visage avec terreur :

– C'est la punition de Zeus pour tous nos crimes !

Ulysse le tance :

– Zeus n'aimait pas les Troyens et leurs alliés. C'est une épreuve qu'il nous envoie. Gardez l'espoir. Arrimez les coffres et les jarres. Continuez à ramer quoi qu'il arrive. Les dieux apprécient le courage.

En secret, il invoque Athéna :

– Intercède auprès de Zeus et de Poséidon, je t'en prie. Apaise la mer furieuse.

À l'aube du troisième jour, les flots se calment. Les marins épuisés aperçoivent un rivage. Ils ne savent pas où ils sont, mais ils n'ont pas sombré. Certains pleurent de joie. Les navires accostent l'un après l'autre. Ulysse en compte onze. Le douzième a coulé dans la tempête. À peine débarqués, les survivants offrent un sacrifice à Athéna.

Ulysse sélectionne dix guerriers et leur ordonne d'aller explorer le pays. Après une demi-heure de marche, la petite troupe découvre un village et interroge les habitants.

– Vous êtes au pays des Lotophages, dit le chef de la communauté.

Ariès, qui commande l'expédition, s'étonne :

– Les mangeurs de Lotos ? Quel est ce mets ?

– Le lotos est le fruit le plus délicieux de la terre, explique le chef.

Il donne des ordres. Quelques instants plus tard, des

servantes déposent des paniers emplis de baies rouges devant les visiteurs. Les Grecs les portent à la bouche et les trouvent effectivement savoureux. Cependant, après y avoir goûté, ils ne peuvent plus s'arrêter d'en manger. Et plus ils en mangent, plus le monde leur paraît merveilleux.

Leurs hôtes sont armés, mais pacifiques et généreux. Le pays est magnifique. La vie est douce. Les Grecs acceptent l'hospitalité des Lotophages. Ils s'installent dans leurs maisons. Ils ont oublié leurs épreuves. Ils n'éprouvent plus ni chagrins ni douleurs ni désirs. Ils sont en paix. C'est un bonheur sans histoire, pareil à un rêve perpétuel.

Ne voyant pas revenir ses éclaireurs, Ulysse s'inquiète : s'ils étaient tombés dans une embuscade ? Il se porte à leur secours à la tête d'une cinquantaine de guerriers. Il ne tarde pas à trouver Ariès et ses compagnons plongés dans une torpeur étrange.

– Nous avons fait provision de vivres et d'eau, il est temps de repartir, leur annonce-t-il.

– Repartir ?

Ariès fait des efforts désespérés pour comprendre ce qu'on lui dit.

– Pour Ithaque, oui.

– Ithaque ?

Le visage du Grec est hébété. Ses yeux sont vides.

– Tu n'es pas impatient de revoir ton pays, ta famille, tes amis ?

Comme Ariès est incapable de répondre, Ulysse regarde le chef des Lotophages d'un air soupçonneux :

– Qu'as-tu fait à mes hommes ?

Le chef sourit :

– Rien, seigneur. Nous les avons accueillis avec honneur, comme il se doit. Vous êtes, vous aussi, les bienvenus parmi nous.

Sur un signe de lui, trois serviteurs apportent aux visiteurs des corbeilles de fruits magnifiques. Les marins s'en saisissent. Ulysse les oblige à les jeter :

– Ne touchez à rien ! Ne goûtez à rien !

Ses hommes le regardent avec stupéfaction.

– Ce sont des lotos, les meilleurs fruits du monde, dit le chef avec un sourire candide.

Ulysse met la main à l'épée :

– Des fruits qui effacent la mémoire et troublent l'esprit. Un cadeau empoisonné !

Il repousse les Lotophages et ordonne à Ariès :

– Venez avec nous !

– Non, dit Ariès, nous restons ici.

– Pas question ! gronde Ulysse. Emparez-vous d'eux. Ramenez-les aux navires !

Ses guerriers doivent user de la force pour maîtriser leurs compagnons, les attacher et les porter jusqu'au bateau sous les regards indifférents des Lotophages.

Les navires cinglent aussitôt vers la haute mer. Une fois au large, Ariès recouvre la raison. Il regarde autour de lui d'un air égaré :

– Que m'est-il arrivé ?

– Tu as fait un mauvais rêve, dit Ulysse.

– Après avoir mangé des fruits pourris, ajoute Euryloque au milieu des rires.

Chapitre 8

PERSONNE !

Le surlendemain, la flotte aborde sur une petite île en forme de casque, surmonté d'un panache de forêt. Après avoir jeté l'ancre, les navigateurs se reposent sur la grève. Le temps est radieux, la mer paisible. Des sources limpides coulent des flancs de la montagne. Des troupeaux de chèvres sauvages fournissent le lait et la viande.

– Les dieux sont généreux ! grogne Antiphos en s'étirant sur le sable pour offrir son corps au soleil.

– Méfions-nous des dieux, dit Ulysse. Ils ont souvent des caprices imprévisibles. Rappelez-vous leurs violences, leurs trahisons, leurs querelles devant les murs de Troie.

– La guerre est finie, fait remarquer Elpénor.

Ulysse sourit d'un air sombre :

– Avec eux, elle n'est jamais terminée. La guerre est leur distraction préférée. La paix que vous ressentez ici est peut-être provisoire. Nous ignorons ce que nous réserve cet archipel. Des rois magnanimes, des bandits, des monstres ? Tout est possible. Aussi, par prudence, la flotte restera à l'abri de ce golfe tandis que j'irai explorer les îles voisines avec douze volontaires.

La plupart des hommes proposent de l'accompagner. Leur enthousiasme fait plaisir à Ulysse.

– Douze suffiront, dit-il en riant.

Ils embarquent aussitôt et mettent le cap sur la terre la plus proche. L'île est plus vaste et plus verte que celle d'où ils viennent. Tout semble indiquer qu'elle est habitée. Un chemin, piétiné par des troupeaux, conduit à une grotte dissimulée derrière une haie de lauriers. L'intérieur est confortable. Il y a de grandes jarres de lait, de la viande séchée et des fromages de brebis à foison.

– De quoi nourrir tout l'équipage pendant des semaines, se félicite Ulysse. Allez chercher du vin. Nous ferons un échange. Surtout ne touchez à rien avant le retour des bergers.

Pendant que deux marins retournent au bateau, Ulysse et les autres visitent la grotte. Celle-ci se compose de plusieurs salles de vastes proportions.

– Venez voir ! crie Politès. Regardez la taille du lit.

– Et cette tunique ! s'exclame Antiphos avec effroi. Elle est faite de vingt peaux de chèvres cousues l'une à l'autre, je les ai comptées. Celui qui la porte doit être un géant !

– Il existe de bons géants, fait observer Ulysse.

Euryloque éclate d'un rire nerveux :

– Souhaitons-le !

Ulysse affecte un optimisme qu'il est loin d'éprouver. L'aspect et l'odeur de la caverne l'inquiètent malgré lui.

– Si on retournait au navire ? suggère Périmédée.

Ulysse est sur le point d'acquiescer lorsqu'il entend le tintement de grelots accompagné d'une voix formidable.

– Trop tard ! murmure-t-il.

Quelques instants plus tard, une ombre voile le soleil, et une créature monumentale baisse la tête pour entrer dans la grotte.

– Un cyclope ! s'étrangle Politès.

Le monstre mesure trente pieds de haut. Le visage

montre un œil unique placé au milieu du front et de longues dents pointues masquées par une bouche épaisse. Le corps est recouvert de corne, comme la peau des grands pachydermes.

Après avoir fait entrer ses béliers, ses moutons et ses chèvres, tous de grande taille, le géant fait rouler une roche devant l'ouverture de la grotte.

Cachés au fond de la caverne, Ulysse et ses compagnons se trouvent pris au piège. Le cyclope jette de grosses bûches dans l'âtre pour allumer du feu, puis il commence à traire ses brebis. Soudain, il s'interrompt. Ses narines palpitent. Son œil à demi fermé semble sonder l'obscurité. Sa voix s'élève, soupçonneuse :

– Qui est là ?

Laissant ses compagnons tremblants de peur, Ulysse s'avance hardiment. Malgré sa haute stature, le héros n'atteint pas la hanche du géant.

– Je suis un navigateur pacifique, dit-il en s'inclinant. Et voici mon équipage. Venez tous, vous autres.

À son appel, les douze hommes sortent de leurs cachettes et s'inclinent devant le cyclope, dont le rire hideux découvre les dents de requin.

– Je me nomme Polyphème, dit-il. Que faites-vous dans ma demeure ? Qui vous a permis d'entrer ?

– Nous avons fait escale sur votre île afin de nous ravitailler, explique Ulysse. Notre traversée a été longue et éprouvante. Nous sommes affamés.

Le rire du géant fait résonner la caverne :

– Comme je vous comprends ! Moi-même, j'ai très faim brusquement.

En disant cela, Polyphème étend les deux mains, saisit deux compagnons d'Ulysse, les porte à sa bouche et commence à les dévorer. Ses dents déchirent les chairs et broient les os des misérables victimes sans se soucier de leurs hurlements d'agonie. Le sang dégouline sur son menton et son torse. Il éclabousse le sol.

Devant cet horrible spectacle, les compagnons d'Ulysse fuient dans toutes les directions. Les uns essaient en vain de se faufiler au dehors : la pierre qui obstrue l'entrée est trop lourde et les interstices trop minces. Les autres tentent d'escalader les parois et retombent. D'autres se glissent sous les meubles. Le cyclope rit de leurs efforts inutiles.

– Vous êtes plus savoureux que mes moutons ! dit-il en essuyant sa bouche immonde d'un revers de main.

Maîtrisant sa peur, Ulysse s'avance vers le monstre :

– Tu es fils de Poséidon, n'est-ce pas ?

– Son fils aîné, dit fièrement Polyphème.

– Tu as hérité de l'Ébranleur des continents la force et la majesté.

– Et l'appétit, ricane le géant en étendant la main pour saisir le roi d'Ithaque.

Ulysse esquive les doigts avides. Il prend une outre de vin et l'offre au cyclope.

– Goûte ce breuvage, divin Polyphème, et dis-moi s'il est digne de toi. Dionysos lui-même a mûri et pressé ses raisins. Il le destinait à ses amis.

Le cyclope saisit l'outre et la vide d'un trait.

– Excellent ! grogne-t-il.

Déjà, Ulysse lui présente une deuxième outre. Le géant avale son contenu tout aussi goulûment. Puis il se frotte les yeux et titube. Le vin de Maron commence à faire effet.

– Combien d'outres encore ? chuchote Ulysse.

Paralysés d'effroi, ses compagnons sont incapables de dire un mot.

– Combien ?

– Huit, dit Polités en claquant des dents. Tu comptes étourdir ce monstre ? Tu vois bien qu'il est insatiable. Il nous dévorera tous !

– Patience ! grince Ulysse.

– S'il s'endort, comment allons-nous sortir ? s'affole Euryloque. Cette pierre est trop lourde ! Nous n'arriverons jamais à la déplacer.

Palos saisit son épée :

– Tuons cette créature immonde !

Ulysse freine son compagnon :

– Avec ce morceau de métal, tu n'arriveras même pas à l'égratigner. Ne l'excite pas. Son œil se ferme. Laisse-le s'endormir.

Le géant vacille, puis il s'effondre sur son lit. Au bout d'un moment, il sombre dans un sommeil de brute avec des ronflements sonores.

– Ne bougez pas ! ordonne Ulysse.

Toute la nuit ils restent éveillés, surveillant les convulsions et les bredouillements du monstre.

– S'il pouvait avoir oublié notre présence !

– Notre odeur la lui rappellerait, dit Ulysse, frissonnant de dégoût.

À l'aube, le cyclope se réveille. Il fait sortir son troupeau et remet la pierre en place avec soin, emprisonnant ses proies.

– Aidez-moi ! ordonne Ulysse.

Il s'empare d'un lourd pilier d'olivier appuyé contre un mur de la caverne et l'aiguise à coups d'épée. Après avoir ranimé le foyer, il durcit la pointe au feu. Ensuite, il dissimule l'épieu sous la cendre.

– Que veux-tu faire ? s'impatiente Euryloque.

– Tu verras bien, gronde Ulysse d'un air farouche.

Les heures passent. Vers la fin de la journée, le cyclope revient. Comme la veille, il fait entrer son troupeau et remet la pierre en place. Ulysse l'accueille avec déférence, une outre à la main. Le visage du monstre se fend d'un sourire hideux :

– Tu cherches à m'attendrir, l'ami.

Il vide l'outre et rote avec satisfaction :

– Délicieux ! Comment t'appelles-tu, échanson ?

Ulysse s'incline, la main sur le cœur :

– Je me nomme Personne.

– Personne ? dit le cyclope avec un gros rire. Eh bien, Personne, pour te remercier, je te mangerai le dernier !

Dédaignant l'outre que lui offre le roi d'Ithaque, il attrape une nouvelle victime, blottie contre la muraille.

– Bois d'abord ! supplie Ulysse.

– Ce vin m'a mis en appétit ! ricane Polyphème.

En voyant la bouche immonde démembrer son compagnon, Ulysse réprime un sanglot. La victime n'est autre qu'Antiphos, l'un de ses favoris.

Après le désespoir vient la fureur. Ulysse entasse les outres au pied du géant. Il crie :

– À ta santé !

Polyphème ne résiste pas au nectar de Dionysos. Il vide les outres l'une après l'autre. À la dernière, il s'écroule sur son lit, ivre mort.

– Maintenant ! ordonne Ulysse.

Il va chercher l'épieu sous la cendre. Avec l'aide de Polités et d'Euryloque, il le dresse et l'enfonce de toutes ses forces dans l'œil du cyclope. Polyphème pousse un hurlement épouvantable. Il se dresse, arrache l'arme. Aveuglé, il se cogne aux parois de la caverne, brise ses jarres, piétine ses claies. Ses cris de souffrance alertent les cyclopes, ses voisins. Ceux-ci s'inquiètent :

– Polyphème, c'est toi ? Que t'arrive-t-il ?

– On m'a crevé l'œil ! gémit le géant.

– Qui t'a fait cela ?

– Personne !

– Comment est-ce arrivé ?

– Puisque je vous dis que c'est Personne ! Personne, vous entendez ?

Ces propos incohérents persuadent les cyclopes que Polyphème a perdu la raison. Ils s'éloignent sans chercher à en savoir davantage.

– Misérables insectes, je vous réduirai en bouillie ! rugit Polyphème.

Il bande sa blessure, puis il cherche ses ennemis à tâtons dans tous les coins de la grotte. Mais Ulysse et ses compagnons lui échappent.

– Comment allons-nous sortir ? chuchote Polités.

Ulysse met un doigt sur les lèvres :

– Avec le troupeau. Faites comme moi.

Il se glisse sous un bélier et se suspend à sa toison. Bientôt, Polyphème est obligé de conduire ses animaux à leur pâture. Il déplace le rocher, s'agenouille à l'entrée pour filtrer les bêtes. Ses mains caressent leur pelage sans déceler la présence des fugitifs, réfugiés sous leurs ventres. Aussitôt hors de la grotte, Ulysse et ses hommes gagnent leur navire en toute hâte.

Une fois à bord, Ulysse crie :

– C'est moi, Personne ! Je suis Ulysse, roi d'Ithaque, vainqueur de Troie ! Souviens-toi de ce nom : Ulysse. Qu'il hante tes cauchemars ! Je t'ai puni comme tu le méritais, infâme créature. Tu ne dévoreras plus personne, désormais. Plus Personne, tu entends ?

Après avoir défié le monstre, les navigateurs se dépêchent de prendre le large, car Polyphème arrache d'énormes rochers à la falaise et les lance dans la mer au risque de fracasser le navire.

Une fois hors de portée, Ulysse s'abandonne au désespoir. Trois autres de ses hommes sont morts dans des conditions effroyables. La prédiction de Calchas lui revient en mémoire : « Tu rentreras seul dans ta patrie. Tous tes compagnons mourront tragiquement. » Il observe les rameurs qui chantent et éclatent de rire, soulagés d'avoir survécu.

– Zeus, protège-les ! Fais mentir la prophétie ! implore-t-il.

Chapitre 9

LE MAÎTRE DES VENTS

La flotte quitte tout juste l'archipel des cyclopes quand la tempête s'acharne sur les navires. De gigantesques murs d'eau s'abattent sur les ponts. Le vent en furie arrache les voiles, courbe les mâts, emporte les coffres. Les marins n'ont plus la force de manier leurs rames. Les bateaux, désemparés, sont drossés vers les récifs.

Cramponné à un mât, Ulysse invoque Athéna :

– Puissante déesse, viens à notre secours, je t'en supplie.

Les nuées s'écartent pour laisser apparaître le visage de Polyphème. En même temps la voix de la déesse retentit :

– Tu as gravement offensé Poséidon en aveuglant son fils.

– Devais-je me laisser dévorer ?

La face monstrueuse s'efface, remplacée par la tête casquée de la fille de Zeus.

– Ramez vers le sud, ordonne-t-elle. Luttez de toutes vos forces. Vous trouverez bientôt les Îles flottantes.

– Celles d'Éole, le maître des vents ? N'est-il pas, lui aussi, un fils de Poséidon ? s'inquiète Ulysse.

– Oui, répond Athéna. Mais Éole est un personnage généreux. Tu peux avoir confiance en lui.

Ces paroles redonnent espoir à Ulysse. Il galvanise ses hommes. Les rameurs se courbent de nouveau sur leurs avirons. Ils se battent contre les éléments, évitent les récifs. Cependant, la tempête s'acharne sur eux. Les lames déferlent sur le pont. Épuisés, les marins s'effondrent l'un après l'autre. Ils se jugent perdus lorsque, sans avertissement, le vent cesse, la mer s'apaise, et du brouillard surgissent des montagnes d'airain.

– Les Îles flottantes ! s'écrie Ulysse avec une pensée reconnaissante pour Athéna.

Les bateaux, poussés par des vents favorables, s'approchent du rivage. Celui-ci est recouvert de sable doré. Là, un homme majestueux, entouré de douze enfants d'une beauté sauvage, filles et garçons, accueille les navigateurs exténués.

Ulysse saute sur la plage et s'incline devant le vieil homme :

– Éole, seigneur des souffles célestes, excuse-nous de troubler ainsi ta quiétude.

Le maître des vents sourit avec bienveillance :

– Athéna m'a prévenu de votre arrivée. Soyez les bienvenus sur mes îles, à l'abri des tempêtes. Venez vous reposer et vous restaurer.

Il les précède dans son palais au cœur de la montagne. Dans un immense jardin aux feuilles frissonnantes, des serviteurs aussi légers que des oiseaux servent les voyageurs en silence. Les boissons et les mets délicieux raniment les visiteurs.

– Comment te remercier de ta générosité ? s'écrie Ulysse.

– En me racontant tes aventures, dit Éole. Tu es un grand guerrier, d'après Athéna.

Les enfants d'Éole s'assemblent autour du roi d'Ithaque avec curiosité. Ulysse leur décrit le siège de Troie, les prodiges d'Achille, la mort des héros, la construction du gigantesque cheval, et la prise et l'incendie de la grande cité. Puis il commence le récit de son voyage. Arrivé à Polyphème, il hésite. Le cyclope est fils de Poséidon, comme Éole. Ulysse exprime des regrets. Le maître des vents l'interrompt en riant :

– Ce monstre abominable n'a eu que ce qu'il méritait. Venez avec moi. Je vais vous aider à regagner votre patrie en échappant au sort que vous réserve mon père.

D'abord, Éole ordonne à ses serviteurs de remplacer les toiles des navires. C'est lui qui a inventé les voiles pour permettre à ses vents de mouvoir les bateaux. Quand les adroites créatures ont fini leur travail, il commande encore :

– Réparez les ponts et les bastingages.

Bientôt, la flotte est remise en état, prête à reprendre la mer. Éole fait charger des provisions à bord des onze navires. À l'instant des adieux, il offre à Ulysse une outre énorme.

– Garde-la précieusement, dit-il. Elle renferme tous les vents contraires à ta navigation. Je n'ai laissé en liberté que la brise du sud-est. Elle vous ramènera sans danger à Ithaque.

Ulysse, éperdu de gratitude, s'agenouille devant son hôte. Il dit avec émotion :

– Athéna m'avait vanté ta générosité. La déesse était en dessous de la vérité. Ma reconnaissance à ton égard sera éternelle.

Éole le pousse vers son navire d'une main paternelle. Il agite la main :

– Bon voyage et bon vent !

Poussée par la brise propice, la flotte se dirige vers

Ithaque. Les hommes boivent et chantent gaiement, assurés de revoir bientôt leur patrie. Cependant, durant la nuit, profitant du sommeil d'Ulysse, deux de ses compagnons, Pharos et Talaos, s'emparent de l'outre d'Éole.

– Je te dis que c'est du vin, et du meilleur ! soutient Pharos.

Talaos soulève l'outre et la secoue :

– C'est bien léger !

– D'autant plus délicieux.

Pris de scrupule, Talaos suggère :

– On devrait demander la permission à Ulysse.

– Il refusera, dit Pharos. Il le garde pour lui. Mais on y a droit, nous aussi.

– Si c'était autre chose ?

– Quoi donc ?

– Je ne sais pas... une substance magique, une essence de rêve.

Pharos secoue la tête :

– On parie ?

Impatient, il tranche les lanières. L'outre s'ouvre. Les vents s'en échappent avec des sifflements furieux. Un tourbillon emporte les deux imprudents. Il les précipite dans la mer, où ils se noient. Le vent enfle et mugit. Les navires sont pris dans un ouragan, au milieu de vagues énormes. Réveillé en sursaut, Ulysse voit l'outre vide. Il comprend ce qui s'est passé. Il ordonne à ses hommes de ramer de toutes ses forces vers le sud pour demander la protection d'Éole.

À travers la tourmente, ils font route vers les Îles

flottantes. Vingt fois, ils sont sur le point de sombrer avant d'atteindre leur but.

Éole est seul sur le rivage, dont le sable d'or a disparu. Ulysse se prosterne aux pieds du maître des vents :

– Pardonne-moi, seigneur. Mes hommes m'ont trompé. Ils l'ont payé de leur vie.

Il ne peut en dire davantage. La divinité dressée devant lui n'a plus rien de commun avec l'homme débonnaire qui l'a accueilli la veille. Éole tremble de fureur. Ses yeux lancent des éclairs.

– Misérable ! vocifère-t-il. Tu oses te représenter devant moi ? J'ai voulu t'aider et, pour me remercier, tu m'as trahi ! Par ta faute, mon père, Poséidon, me renie. Il m'accuse à raison d'avoir désobéi à ses ordres en protégeant un sacrilège. J'espère qu'il t'infligera le châtiment que tu mérites !

Il pointe le doigt sur le large :

– Disparais immédiatement. Sinon, je déchaînerai le vent du nord qui t'enverra par le fond, toi et tes semblables. Et ne t'approche plus jamais des Îles flottantes sous peine de mort.

Désespéré, Ulysse ordonne à ses navires de s'éloigner. Aussitôt, la tempête les happe comme si elle était restée à l'affût. La colère de Poséidon redouble de violence, et désormais, Athéna demeure sourde aux prières du héros.

Comme certains de ses compagnons poussent des cris d'épouvante devant les vagues monstrueuses, il les rabroue :

– Montrez aux dieux que vous savez lutter pour survivre. Seul le courage peut les empêcher de vous abandonner à votre destin.

Chapitre 10

LES MANGEURS D'HOMMES

Pendant six jours et six nuits, Ulysse et ses compagnons se battent contre les vents et les vagues. Attachés avec des cordes pour ne pas être balayés par les lames, rompus de fatigue, les yeux brûlés de sel, les mains crevassées d'eau corrosive, ils tiennent bon, ils refusent de mourir.

– Terre !

L'appel de la vigie les tire de leur cauchemar. Ulysse défait la corde qui le lie à la rame pilote et grimpe au mât à travers les lambeaux de la voile qui lui fouettent le corps.

Il ne s'agit pas d'une illusion : des falaises se dressent à l'horizon. Les vagues poussent les bateaux vers elles au risque de les fracasser sur les rochers. Cependant, sous l'écran des falaises, le vent se calme et la mer s'apaise. Une baie s'ouvre dans la paroi. La flotte trouve refuge dans ce bassin paisible où l'équipage jette l'ancre.

Les marins lèvent les mains vers le ciel et remercient les dieux de les avoir préservés.

Ulysse examine le paysage avec circonspection. Les falaises, la terre, la plage, le fond de l'eau lui-même, tout est couleur de sang. Des buissons de fleurs blanches poussent sur ce sol rouge. Une odeur douce et entêtante en émane.

– Quel merveilleux pays ! soupire Euryloque. Nous avons bien mérité ce coin de paradis.

Ulysse secoue la tête :

– Ne te fie pas aux apparences. Souviens-toi de l'île de Polyphème : ses plages étaient magnifiques et ses lauriers embaumaient.

– Et son propriétaire avait de longues dents ! glousse Terambos.

– En tout cas, l'eau est un vrai délice ! crie Morgès, le plus grand des compagnons d'Ulysse.

Une cascade tombe dans une falaise. Morgès se précipite sous son eau cristalline pour se débarrasser des croûtes de sel qui lui rongent la peau. Les marins le rejoignent avec des cris de plaisir. Ils se vautrent dans le torrent qui se jette dans la baie.

– Pas tous en même temps ! gronde Ulysse. Restez à bord des navires, prêts à lever l'ancre à la moindre alerte. La proue doit être orientée vers la passe.

– Que crains-tu ? s'étonne Politès.

– Je l'ignore.

Ulysse scrute les sommets environnants. Il se sent mal à l'aise sans raison apparente.

– Il faut trouver des vivres, dit Périmède.

Ulysse acquiesce. La tempête a emporté ou gâté les provisions offertes par Éole. Ses hommes n'ont rien mangé depuis deux jours entiers. Après s'être abreuvés à l'eau du torrent, ils se sentent affamés.

– Quatre volontaires pour reconnaître le pays ! crie Ulysse. Les autres, à bord des navires !

Baios, Carmanos, Darès et Héléos se désignent aussitôt.

– Restez vigilants, recommande Ulysse.

– Et ne mangez pas toutes les provisions ! hurle Elpénor parmi les rires.

Les quatre hommes s'enfoncent avec prudence à l'intérieur des terres. La contrée est riante. De grands oiseaux blancs volent dans le ciel. Les champs sont cultivés avec soin. Les vergers croulent sous les fruits.

– Si on mangeait ? suggère Carmanos.

– Cherchons d'abord les propriétaires, dit Héléos, le plus raisonnable des quatre.

– En voilà une ! s'exclame Baios en montrant une jeune fille occupée à puiser de l'eau dans la coquille d'une fontaine.

Elle est très grande, élancée, avec de longs cheveux noirs, et un visage sévère, assez beau cependant. En apercevant les quatre hommes, elle s'étonne :

– Que faites-vous ici ?

– Nous venons d'aborder après avoir essuyé une terrible tempête, explique Carmanos. Nos navires ont été déroutés. Peux-tu nous dire quel est cet endroit magnifique ?

– Vous êtes au pays des Lestrygons.

– Qui le commande ? demande Héléos.

– C'est mon père, le roi Antiphatès, dit la jeune fille.

– Tu penses qu'il acceptera de nous accorder l'hospitalité et de nous ravitailler ?

La fille sourit d'un air énigmatique :

– Je me nomme Délima. Suivez-moi.

Elle conduit les étrangers jusqu'à une ville formidable. Tout y est démesuré : les rues, les maisons, les monuments, le palais royal en particulier.

Elle entre au palais, donne des ordres à voix basse. Des serviteurs s'empressent. Le roi paraît. C'est un homme gigantesque. Dès qu'il aperçoit les visiteurs, il se jette sur Baios, qui marche en tête, et lui brise le cou.

Épouvantés, ses trois compagnons se sauvent à toutes jambes. Antiphatès s'élance à leur poursuite en criant : « Aux armes ! »

Des trompettes sonnent. Des guerriers de haute taille surgissent de toutes les maisons. Carmanos, Darès et Héléos atteignent les navires et alertent leurs compagnons. Les bateaux lèvent l'ancre. Les marins pèsent sur les rames. Il est déjà trop tard : tout autour de la baie, les falaises se couvrent de géants, qui soulèvent des rochers et les lancent sur les navires. Les coques se brisent avec des craquements sinistres. Ils coulent. Leurs équipages se jettent à l'eau et nagent vers le rivage.

Là, les Lestrygons les attendent avec des lances attachées à des cordes. Ils les harponnent comme des thons, les tirent hors de l'eau et les découpent. Ils ont allumé de grands feux sur lesquels ils les font rôtir.

Seul le bateau d'Ulysse a réussi à franchir la passe. Les dix autres ont sombré.

– La malédiction divine s'acharne sur nous ! sanglote Politès.

Ulysse demeure silencieux. Il compte les survivants. De sa petite armée il ne reste que trente-six hommes. Les autres ont connu un sort abominable. Révolté, il maudit les dieux. Il reproche à Zeus sa cruauté, à Poséidon sa fureur aveugle, à Aphrodite sa rancune et à Athéna son silence. Ceux qui ont péri étaient des hommes loyaux et vaillants. Jamais ils n'avaient offensé les divinités de l'Olympe.

Il lève le poing et défie le ciel :

– Tuez-moi ! Qu'attendez-vous ?

Athéna apaise sa colère :

– La destinée de tes amis était fixée depuis longtemps. Les Moires l'avaient décidée avant même votre départ d'Ithaque.

– Zeus a le pouvoir de modifier le destin, réplique Ulysse d'un air sombre.

– Contre les trois filles de la Nuit, il ne peut rien. Clotho file les destinées. Lachésis les enroule. Atropos les tranche à l'instant défini de toute éternité.

Malgré lui, Ulysse se met à pleurer. Ce désespoir effraie presque autant les guerriers survivants que le massacre de leurs compagnons. Ils le regardent, hébétés.

Honteux de sa faiblesse, il essuie ses larmes et se courbe sur une rame. Sa flotte orgueilleuse est maintenant réduite à un bateau unique qui vogue vers le nord.

Chapitre 11

L'ÎLE ENSORCELÉE

Devant eux, la mer est calme, comme apaisée. On dirait que Poséidon est satisfait du grand massacre qui a coûté la vie à la plupart des compagnons d'Ulysse. Un vent léger conduit le navire vers une île inconnue.

Euryloque interpelle Ulysse :

– Tu veux changer de cap ?

Les terres qu'ils ont rencontrées jusqu'à présent ont été presque toutes meurtrières.

– Nous avons besoin d'eau et de provisions, dit Ulysse.

Les rameurs ont abandonné leurs avirons. Ils contemplent l'île avec fascination.

– C'est étrange… murmure Elpénor.

Politès prend les autres à témoin :

– On dirait Ithaque !

Ulysse sourit avec amertume :

– Nous sommes encore très loin d'Ithaque. Cette ressemblance n'est qu'une illusion.

L'aspect de l'île change à mesure qu'ils s'en approchent. Ses collines sont harmonieuses, sa végétation magnifique. Ses parfums les enivrent.

– Quelle magnificence ! soupire Elpénor.

– Trop belle pour être inoffensive, gronde Ulysse hanté par le souvenir de l'île de Polyphème et de la terre des Lestrygons. La beauté est le plus dangereux des venins.

Il désigne aussitôt vingt guerriers chargés d'aller en reconnaissance. Pour les commander, il choisit Euryloque, l'époux de sa sœur. C'est un homme intelligent et méfiant.

– Prends garde à la douceur de l'île, insiste Ulysse.

Lui-même est la proie d'un sentiment étrange, une sorte de torpeur agréable à laquelle il a du mal à résister. Cette terre inconnue l'envoûte. Elle essaie d'endormir sa méfiance par une sécurité trompeuse.

– Ne vous fiez à personne. Vous entendez ? À personne !

Euryloque réprime un sourire en entendant ce mot : personne, un nom évocateur de la ruse qui a vaincu Polyphème.

La petite troupe se met aussitôt en route. Elle traverse d'abord une forêt peuplée d'arbres gigantesques, dont le feuillage chante sous les caresses du vent. Elle débouche ensuite dans un vallon baigné d'une rivière argentée. Sur sa rive se dresse un palais aux murs de cristal.

Soudain, les guerriers sursautent. Ils tirent leurs épées et se serrent les uns contre les autres dans un réflexe défensif : des bêtes sauvages viennent de surgir de toutes parts. Ce sont des lions, des tigres et des loups. Encerclés, les compagnons d'Ulysse se voient perdus. La taille des fauves et leurs crocs ont de quoi terroriser les plus téméraires. Cependant, au lieu de bondir sur les visiteurs, les animaux leur manifestent la plus grande affection.

– De vrais toutous ! s'exclame Elpénor en caressant leurs fourrures.

Politès se met à rire parce qu'une louve blanche, les pattes sur ses épaules, se met à lui lécher le visage. Un tigre se couche aux pieds de Talaos. Puis, brusquement, en réponse à un appel mystérieux, les fauves s'écartent et se dirigent vers le palais en gémissant.

Fascinés, les hommes s'avancent en direction de la demeure de cristal. Fidèle à la promesse qu'il a faite à Ulysse, Euryloque se cache sous les arbres et se contente d'observer. Il voit une femme aux allures de reine accueillir ses compagnons et les inviter à entrer dans son palais.

À travers les murs transparents, il ne perd rien de la scène qui se joue. La femme fait asseoir ses invités sur des sièges recouverts de fourrures blanches. De jeunes servantes leur apportent toutes sortes de mets et de boissons. Torturés par la faim et la soif, les guerriers font honneur au festin. Euryloque, qui souffre de crampes d'estomac après un jeûne de deux jours, est tenté de se joindre à eux. Mais sa prudence l'emporte. Il continue à guetter sans se découvrir.

Bien lui en prend : tandis que ses invités se restaurent, la femme saisit une baguette magique et les touche avec douceur. Aussitôt, ils se transforment en pourceaux et se mettent à baver et à grogner pour son plus grand plaisir. Lorsque cette métamorphose est terminée, elle les conduit vers des étables, où sont enfermés des animaux de toutes espèces, sans doute des navigateurs qui ont eu l'infortune d'aborder sur l'île.

Consterné par la scène à laquelle il vient d'assister, Euryloque regagne le rivage en toute hâte pour avertir Ulysse. Furieux, le héros saisit son arc et son épée, et se précipite au secours de ses hommes. Au cœur de la forêt, un adolescent vêtu de vert lui barre la route. Croyant avoir affaire à un serviteur de la magicienne, Ulysse lève son épée. L'inconnu retient son bras en riant :

– Paix, Ulysse ! Tu ne reconnais plus tes amis ? Je

suis Hermès, le messager de Zeus. Mon père m'envoie à ton aide.

Le héros reprend ses esprits. Il s'incline devant le jeune dieu et s'excuse.

– La magicienne que tu vas affronter se nomme Circé, explique Hermès. Fille du Soleil et de Perséis, elle détient de grands pouvoirs. Contre elle, tes armes et ton courage ne te seront d'aucun secours. Si tu ne fais pas exactement ce que je vais t'indiquer, tu risques fort de te retrouver dans le corps d'un goret.

– Je t'écoute, dit Ulysse avec respect.

Hermès lui remet alors une racine noire :

– C'est du moly, une substance magique. Tu mettras une pincée de ce végétal dans le breuvage que va t'offrir Circé. Grâce à lui, tu seras immunisé contre ses enchantements. Tu pourras alors la forcer à rendre à tes amis leur forme humaine.

Après avoir remercié le fils de Zeus, Ulysse gagne le palais de Circé en toute hâte. Il s'attend à rencontrer une sorcière. À sa place, il trouve une jeune femme d'une merveilleuse beauté.

– Bienvenue, seigneur, dit-elle. Tu dois venir de très loin si j'en juge par ton apparence.

– Du bout du monde.

– Tu dois avoir soif.

– En effet.

La magicienne emplit une coupe d'or et la lui tend. Avant de la porter à ses lèvres, Ulysse met un brin de moly dans le breuvage, puis il boit jusqu'à la dernière goutte avec un soupir d'aise :

– Cette boisson est délectable.

Circé acquiesce avec ironie. Elle prend sa baguette, touche l'épaule du visiteur, puis son visage. Sans aucun effet. Stupéfaite, elle voit le héros se dresser, tirer son épée et la pointer sur sa gorge.

– Tu vas redonner à mes compagnons leur forme humaine, sinon…

Circé est vaincue. Cependant, elle ne manifeste ni dépit ni colère. Au contraire, elle éprouve une profonde admiration pour le héros qui a résisté à ses charmes.

– Qui es-tu ? demande-t-elle.

– Je suis Ulysse, roi d'Ithaque.

– Le vainqueur de Troie, murmure-t-elle, rêveuse. Je savais que tu viendrais.

– Mes amis ?

– Viens !

Elle le conduit vers ses étables, touche les pourceaux avec sa baguette. Les guerriers reprennent aussitôt leur noble apparence. Ils ne conservent aucun souvenir de leur métamorphose, et remercient Circé de son hospitalité.

– Délivre aussi les autres, exige Ulysse.

La magicienne obéit sans discuter. Les lions, les ours et les loups redeviennent des marins, des explorateurs et des soldats. Circé les reconduit vers leurs bateaux et les regarde partir sans regret. Puis elle s'adresse à Ulysse et à ses hommes :

– Vous êtes chez vous sur mon île. Restez ici aussi longtemps que vous le voudrez. Vous ne manquerez de rien, je m'y engage.

Les jours suivants, les voyageurs, traités comme des princes, reprennent des forces. Ulysse, lui, ne tarde pas à s'éprendre de la magicienne. Pourtant elle n'use d'aucun sortilège pour le séduire. Sa beauté suffit. Le héros retarde sans cesse son départ. Il se promène avec elle des jours entiers sur les chemins de l'île. De son côté, Circé tombe amoureuse de ce guerrier aux manières rudes et à l'esprit pénétrant. Elle lui livre le secret de ses pouvoirs et la composition des potions magiques, grâce auxquelles elle a guéri Minos et Jason.

Ulysse lui fait le récit des combats héroïques livrés devant les murs de Troie. Il lui décrit ensuite les colères de Poséidon et les tempêtes effroyables qu'il a traversées.

– Je sens autour de toi des forces obscures, lui dit Circé. La fureur du dieu des mers, sans doute. De terribles dangers t'attendent si tu poursuis ton voyage. La sagesse voudrait que tu restes sur cette île où rien ni personne ne pourra t'atteindre.

– Je dois retourner à Ithaque.

– Tu aimes toujours Pénélope, n'est-ce pas ? soupire la magicienne. Je pourrais l'effacer de ta mémoire, si je voulais, mais je ne le ferai pas. Je t'aime tel que tu es, hardi, rusé, violent et fidèle. Cependant, si tu ne veux pas périr avant d'atteindre ta patrie, tu dois être informé des périls qui te menacent au cours de ton voyage. Un seul homme peut répondre à ces questions : Tirésias.

– Tirésias est mort ! s'exclame Ulysse.

Circé acquiesce :

– Pour le consulter, tu dois te rendre chez Hadès.

– Au royaume des morts ?

Ulysse dévisage la magicienne d'un air soupçonneux.

– Il n'existe pas d'autre moyen, murmure-t-elle.

– On peut pénétrer dans ce royaume ténébreux, mais on n'en revient pas.

Circé lui prend la main :

– Fais-moi confiance : tu n'entreras pas chez Hadès. Tu t'arrêteras devant la porte des Enfers. Tirésias viendra lui-même jusqu'à toi.

Ulysse devine que la magicienne veut mettre son courage à l'épreuve. Peu de mortels ont tenté l'aventure. Et seuls deux héros, Héraclès et Orphée, se sont risqués chez le dieu des morts. À son tour, il est prêt à tenter l'expérience.

– J'ai bravé la mort bien des fois, murmure-t-il. Mais je ne lui ai jamais rendu visite.

– Tirésias te décrira les dangers dressés sur ta route. Moi, je te dirai comment les éviter.

Ulysse sourit avec une sombre ironie :

– Comment refuser une aussi charmante invitation ?

Chapitre 12

AUX PORTES DES ENFERS

Les terres sauvages font partie du pays des Cimmériens. Là, tout est obscur. Le ciel touche la terre. La neige elle-même est noire. Et le vent transporte une vapeur de soufre, mêlée à l'haleine délétère du royaume d'Hadès. La porte sans retour est proche, gardée par Cerbère, le chien à la queue venimeuse et aux trois gueules voraces.

– Ce portail, tu ne le franchiras sous aucun prétexte, lui a recommandé Circé.

Ulysse a acquiescé en pensant qu'il ne serait pas tenté de passer sous le porche infernal. Mais, dans ce pays insidieux, le brouillard est si épais et les contours si vagues qu'on peut dépasser les limites sans en avoir conscience.

La peur s'est emparée de lui. Pourtant, il a accompli scrupuleusement les gestes prescrits par la magicienne. Laissant le vent pousser son bateau vers le nord, il a jeté l'ancre sur la côte interdite avant de traverser le bois de Perséphone, brûlé par les larmes de la reine des Enfers. Il a courbé la tête sous les saules aux fruits morts et les branches tranchantes comme des lames de fer.

À la sortie du bois, il a franchi les marais fétides où l'Achéron reçoit le Pyriphlégéthon, le fleuve de feu, puis il a atteint le confluent du Styx et du Cocyte, les autres fleuves infernaux aux hurlements insoutenables.

Il a trouvé alors le portique de pierre noire. « Là, tu creuseras, a expliqué Circé. La fosse doit être carrée et mesurer une coudée. »

Ulysse a d'abord tracé les limites exactes de l'excavation, puis il a pris son épée et tranché la terre gelée. La fosse a exigé plusieurs heures.

– Maintenant, les libations !

Dans ce désert, sa voix résonne comme dans une caverne. Instinctivement, il regarde autour de lui, craignant d'être la proie des Érynies. Mais, à cet endroit, il est seul à respirer. Même la terre est morte.

La première libation est de lait et de miel, la deuxième de vin doux, et la troisième d'eau pure. Ces breuvages sont ainsi répandus en offrande à ceux qu'on veut honorer. Circé les a préparés dans des boîtes de terre cuite hermétiques. Elle lui a remis aussi la farine blanche avec laquelle il saupoudre le fond de la fosse. Quand il a accompli tous ces rites, il invoque les âmes des morts.

Au début, il n'entend rien. Le silence le suffoque. Il se dit que son appel s'est perdu. Il est venu pour rien au seuil du royaume. Une deuxième invocation est interdite sous peine d'alerter Hadès et ses monstres.

Puis il perçoit un bruit plus effrayant que le silence. Il les entend, ce sont les morts. Ils approchent de la fosse avec des chuchotements, des plaintes et des cris à glacer le sang. Ulysse, qui a affronté sans frémir de terribles dangers, sent sa chair se hérisser. Ses mains tremblent. Pourtant, il poursuit sa nécromancie. Penché sur la fosse, il appelle :

– Tirésias, tu m'entends ? Ce sacrifice est pour toi.

Il tranche aussitôt la gorge d'un agneau blanc et celle d'une brebis noire, leurs têtes tournées vers l'Érèbe, le plus noir des Enfers. Il répand leur sang au fond de la tombe en suppliant Hadès et Perséphone de permettre au devin de venir jusqu'à lui. C'est l'instant le plus effrayant : la voix d'Ulysse peut provoquer la colère des dieux souterrains et faire surgir la tête hideuse de Méduse, dont la vision le changera en pierre.

– Va, Tirésias.

C'est la voix de Perséphone. Le ton est celui de la jeune déesse du printemps plus que celui de la reine des Enfers. Elle protège le devin auquel elle a laissé la mémoire et le don de la divination.

– Ulysse !

Le héros entrevoit l'ombre de Tirésias. Cependant l'odeur du sang attire les morts par centaines. Leurs hurlements sont épouvantables. Ils sont si avides qu'Ulysse doit les éloigner à coups d'épée. Une peur, insidieuse, s'empare de lui. Les morts le submergent. Ils vont l'entraîner dans l'abîme. Il songe à fuir ce lieu maudit lorsque Tirésias surgit devant lui, affolé :

– Que fais-tu ici, malheureux ? Tu es fatigué de la vie ?

– Je suis venu te consulter.

– Alors, rengaine ton épée, écarte-toi, laisse-moi me nourrir du sang que tu as répandu.

Ulysse s'éloigne de quelques pas. Il voit avec répulsion le devin s'abreuver longuement de sang noir. Tirésias reprend des forces. Il parle d'une voix claire :

– Je sais ce que tu veux entendre, Ulysse : il s'agit de ton retour à Ithaque. Ce voyage ne sera pas aisé.

– Il ne l'a jamais été, soupire Ulysse.

– Tes épreuves passées sont peu de chose à côté de

celles qui t'attendent. Poséidon ne te pardonnera jamais d'avoir aveuglé son fils.

– Ce monstre ! gronde Ulysse avec mépris.

– Tous les enfants de Poséidon sont monstrueux, mais il les chérit. Attaquer l'un d'entre eux, c'est le défier. Il te hait. Malgré tout, tu pourras revoir un jour ta patrie à condition de faire ce que je vais te dire.

– Je t'écoute.

– Dans l'île du Trident, où vous aborderez, tu trouveras les bœufs blancs d'Hélios. N'y touche sous aucun prétexte. Tu m'entends ? Le Soleil est fier de son troupeau. Il traite ses bêtes comme ses filles. Il voit tout, ne l'oublie pas. S'il arrive malheur à l'un de ses animaux sacrés, il le saura. Sa vengeance sera cruelle.

Ulysse acquiesce avec reconnaissance :

– Je suivrai tes conseils, sois tranquille.

– À Ithaque, poursuit le devin, tu devras reconquérir ta reine et ton royaume par la force.

– Que se passe-t-il ? Une invasion ? Des ennemis ?

– Pire que ça : des rivaux ! On te dit mort. Les nobles veulent conquérir Pénélope et s'emparer de tes terres et de tes biens.

– Misérables ! s'écrie Ulysse. Et Pénélope ?

– Elle te reste fidèle quoi qu'il arrive. Mais elle subit les vexations des prétendants, et elle craint pour la vie de Télémaque, votre fils. Il défend ton royaume avec courage contre ces parvenus. Mais sa vie est menacée !

Sur ces derniers mots, l'ombre de Tirésias s'éloigne, chassée par la foule de morts qui revient et envahit la fosse. Parmi elle, Ulysse reconnaît les héros auprès desquels il a combattu : Achille, Ajax, Agamemnon. Il les a connus fiers, ardents et courageux. Ils sont maintenant brisés et inconsolables. Ulysse s'entretient avec eux. Il apprend qu'au retour de Troie, Agamemnon a été assassiné par son épouse, Clytemnestre. Achille, le guerrier indomptable, se lamente sur son sort. Ajax, le géant intrépide, se détourne sans un mot. Il convoitait les armes d'Achille qu'Ulysse a obtenu à sa place. Ajax en a perdu la raison. Il gémit et marmonne des paroles incompréhensibles.

Les morts sont maintenant des milliers. Ils entraînent Ulysse, qui se débat, se libère et s'enfuit. Il traverse les marais empoisonnés, puis la forêt pétrifiée. Il atteint son navire, largue les amarres. Comme à l'aller, la magie de Circé gonfle sa voile et le ramène sain et sauf jusqu'à son île.

La magicienne se réjouit de le revoir. Cependant elle s'attriste : elle sait qu'il va partir pour ne plus jamais revenir. Elle ordonne à ses servantes de transporter des vivres à bord du navire. Puis elle explique à Ulysse le moyen d'éviter les dangers qui se dressent sur sa route. Elle connaît les écueils, les pièges, les maléfices, les monstres marins. Elle les énumère interminablement. Elle les lui montre. Il s'impatiente.

Ses compagnons se trouvent déjà à bord. Ils ont hâte de reprendre leur voyage. Certains ont accompagné Ulysse au pays des Cimmériens. La mort les a frôlés de son aile. Ils ont respiré les vapeurs insidieuses des ombres errantes. Depuis, ils ont soif de soleil, de vent et d'embruns. La vie, même semée de périls et de chagrins, leur paraît magnifique.

Ils ont entendu les paroles d'Achille, le plus vaillant des héros : « J'aimerais mieux vivre comme un valet au service d'un fermier misérable, que régner sur les morts, ce peuple éteint. »

Chapitre 13

LE CHANT DES SIRÈNES

– Écoutez-moi avec attention, recommande Ulysse. Car, dans quelques instants, vous n'entendrez plus rien.

Euryloque, affairé à ferler la voile du navire, malmenée par le vent, ne peut s'empêcher de rire :

– Quelle gravité, mon frère !

– Entendre, c'est mourir !

– Tes paroles sont plus énigmatiques que les avertissements de Tirésias. Depuis ton séjour chez les morts, on dirait que le devin s'est réincarné en toi.

– Assez d'ironie ! gronde le héros. Nous allons bientôt atteindre une côte hérissée de récifs. Là, sévissent deux monstres impitoyables. On les nomme les Sirènes. La première est Télès ; la deuxième Thelxiopé. Ce sont les filles de Melpomène et du dieu-fleuve Achéloos.

– Melpomène, la muse de la tragédie ? s'exclame Politès. Je l'admire. C'est une merveilleuse divinité !

– Ses filles ne lui ressemblent pas ! dit Ulysse. Ce sont des créatures épouvantables, moitié femmes moitié vautours. Circé m'a prévenu : elles chantent et jouent de la lyre d'une façon merveilleuse. Nul ne résiste à leur musique. Pour mieux les entendre, les navigateurs s'approchent du rivage. Leurs bateaux se brisent sur les écueils. Alors, les Sirènes se jettent sur les naufragés pour les dévorer. Elles se repaissent de chair humaine !

– Charmantes natures ! grommelle Périmède, pris de frissons.

– Pour vous éviter de succomber à leurs sortilèges, je vais vous remplir les oreilles de cire. Ainsi vous resterez sourds à leur chant de mort. Le bateau passera au large et nous poursuivrons notre voyage sans finir sous leurs griffes.

– Pourquoi ne pas tuer ces monstres ? tempête Euryloque.

Ulysse hausse les épaules :

– Elles te charmeraient puis te déchireraient avec leurs serres et leurs becs sans te laisser le temps de saisir ton épée.

Il s'interrompt en entendant la vigie signaler l'île des Sirènes. En toute hâte, il fait couler de la cire dans les oreilles de ses marins. Quand son tour est venu, il refuse qu'on lui applique le même traitement.

– Tu vas mourir ! s'inquiète Politès.

– Je veux entendre leurs chants, dit Ulysse. Attachez-moi solidement au mât.

Ses compagnons font ce qu'il demande. Ils lui lient les mains, les pieds et le cou tout en critiquant son imprudence.

– Certains perdent la raison, lui fait remarquer Euryloque.

Ulysse sourit, rassurant :

– Rien à craindre : ma tête est solide.

Déjà, il perçoit un chant lointain, d'une beauté sublime. La voix l'appelle. Elle dit : « Ulysse, mon amour ! » Tout d'abord, il résiste à son invitation, puis il subit son charme puissant. Le bateau longe l'île. Tous aperçoivent les Sirènes, mais leur vision est différente. Là où ses compagnons, insensibles à la musique surnaturelle des deux sœurs, voient des monstres affreux battre des ailes et entailler les rochers avec leurs serres et leurs becs d'oiseaux de proie, Ulysse aperçoit des femmes d'une beauté divine.

Il veut se précipiter vers elles, les presser dans ses bras. Il se tord dans ses liens. Il supplie ses hommes de le détacher. Il sanglote. Il se débat avec tant de fureur que le sang gicle de ses poignets et de son cou. Il enrage, il écume, il menace :

– Maudits chiens, je vous tuerai tous !

Il a beau hurler, écumer, ses hommes ne l'entendent pas.

Le navire continue sa route au large des récifs. Les Sirènes intensifient vainement leur musique et leurs chants, elles restent seules sur la grève jonchée des milliers d'ossements de ceux qu'elles ont dévorés.

De rage, elles se précipitent vers le bateau. Leurs ailes les trahissent. Elles tombent dans la mer. Une vague les engloutit.

Le chant s'est tu. Ulysse regarde autour de lui d'un air ahuri. Il ignore ce qui s'est passé. Étranglé par la corde, il a de la peine à respirer. Euryloque se hâte de trancher ses liens. Talaos applique sur les plaies un baume fourni par Circé. Ulysse retrouve la mémoire et s'extasie :

– Les Sirènes ! Elles sont plus belles qu'Hélène et aussi douces que l'Aurore.

Ses compagnons, leurs oreilles débouchées, s'esclaffent :

– Des bêtes puantes !

– Des monstres repoussants !

– Je les ai vues ! balbutie Ulysse. Ce sont les plus merveilleuses des déesses !

Les autres rient de plus belle :

– Continue comme ça et Aphrodite te changera en crapaud pour t'apprendre à la comparer à ces horreurs!

– Athéna empruntera la foudre de son père pour te réduire en cendres !

– Pas étonnant que Pénélope ne veuille plus de toi ! plaisante Politès. Confondre une femme et un vautour...

Ulysse bouscule les railleurs :

– Retournez à vos rames ! D'autres dangers nous menacent dans ces parages. Autour de ces îles, la mer est parsemée de pièges de toutes sortes. Deux routes se présentent à nous : au sud, celle des Roches errantes, capables d'écraser notre coque comme une noix ; au nord, celle de Charybde et Scylla, deux monstres qui ont détruit à eux seuls plus que navires que n'en comptait la flotte d'Agamemnon...

– Prenons la route du sud, dit Euryloque.

Périmède acquiesce avec empressement :

– Le sud, oui. Notre bateau est rapide. Nous nous faufilerons entre les roches.

Ulysse leur impose silence :

– Le nord, c'est ce que nous recommande Circé.

– Pour nous perdre, sans doute ! rumine Périmède.

Ulysse le foudroie du regard :

– La magicienne s'est montrée généreuse à notre égard.

– Pour toi, peut-être, plaisante Talaos. Elle t'a traité comme un prince. Moi, elle m'a transformé en pourceau.

Politès fait un clin d'œil à ses compagnons :

– On n'a pas remarqué la différence !

Les rires s'éteignent : la mer, soudain démontée, annonce la proximité des monstres. Ulysse envoie un guetteur au sommet du mât. Lui-même se penche à la proue du navire, le regard rivé sur la mer.

– Voici Charybde ! annonce-t-il. Ramez de toutes vos forces quoi qu'il arrive. Ne vous laissez pas emporter. La gueule du monstre est un gouffre. Trois fois par jour, il engloutit une énorme masse d'eau et tout ce qui flotte à la surface : bateaux, radeaux, pontons. Puis il vomit leurs épaves.

– Encore une abomination de la nature ! gronde Polités, ses muscles tendus par l'effort.

– Une fille de Poséidon, dit Ulysse, arc-bouté sur la rame mère. C'est Zeus qui l'a foudroyée pour la punir d'avoir dévoré les bœufs d'Héraclès.

– Il a bien fait ! jubile Stérios.

Au même instant, une énorme patte griffue s'abat sur lui et l'arrache à son banc de rame.

– Scylla, prenez garde ! hurle Ulysse.

Son avertissement vient trop tard. Occupé à lutter contre le courant meurtrier de Charybde, l'équipage a négligé Scylla, dissimulée derrière un rocher, face au gouffre. Le monstre répugnant exhibe six gueules féroces et six paires de griffes acérées. Après Stérios, Orménios, Anchimos, Ornytos, Sinopos et Amphinomos sont enlevés et dévorés à leur tour sous les yeux horrifiés de leurs compagnons impuissants.

– Ce cauchemar ne finira jamais ! sanglote Euryloque en s'écroulant à genoux, la tête entre les bras.

– Courage ! crie Ulysse. N'abandonnez pas. L'île du Trident est proche ; nous y serons en sécurité.

– À quoi bon ! réplique Politès. D'autres monstres surgiront, et d'autres encore. La plupart de nos amis sont morts.

En abordant sur l'île, Ulysse et ses compagnons sont dans un tel état de désespoir et d'épuisement qu'ils n'ont pas la force de tirer leur bateau sur le rivage. Ils se laissent tomber sur le sable puis ils s'endorment en proie à des rêves effroyables.

Chapitre 14

LES BŒUFS SACRÉS

L'île où les compagnons d'Ulysse ont abordé est d'une beauté extraordinaire. Après avoir rencontré et surmonté tant d'épreuves, ils devraient être heureux de trouver une terre baignée de douceur et d'harmonie. D'ordinaire, ils reprennent vite goût à la vie. Ce sont tous des hommes de guerre, accoutumés au danger et à la mort. Ils en plaisantent et leurs jeux les libèrent de l'horreur qu'ils ont vécue. Cette fois, cependant, leur souffrance demeure. Ils sont incapables d'oublier la mort tragique de leurs compagnons. Ils se révoltent contre le sort, contre les monstres, contre les dieux eux-mêmes.

L'aurore les a surpris mornes et silencieux. Les uns pansent leurs blessures, les autres affûtent leur épée. Leurs gestes las ne sont pas des gestes de soldats.

Ulysse les regarde avec un sentiment de pitié. Vingt-trois, ils ne sont plus que vingt-trois survivants de sa belle armée victorieuse de Troie. L'ombre d'eux-mêmes. Il essaie en vain de les occuper :

– Le bateau, aidez-moi à le mettre au sec.

Seule la proue repose sur le sable. Une houle légère ballotte la coque et bouscule les rames.

– Le temps risque de se gâter.

Les hommes ne réagissent pas. Ulysse doit répéter son ordre et désigner d'autorité plusieurs volontaires. Ceux-ci obéissent de mauvaise grâce. Une fois le bateau à l'abri, ils veulent se disperser. Ulysse les retient :

– Cette île appartient à Hélios. Ne touchez à rien, surtout pas aux chevaux qui tirent le char du Soleil dans le ciel. Ne touchez pas non plus aux bœufs blancs qui paissent dans les champs. Hélios est fier de ses troupeaux.

– On le dit doux et généreux, fait remarquer Politès.

– Ne vous fiez pas à la gentillesse des dieux, dit Ulysse. Souvenez-vous de leurs colères et de leurs vengeances. Ils ne supportent pas que les hommes s'élèvent jusqu'à eux.

Euryloque serre les poings :

– Pas question d'oublier !

Ils s'éloignent en échangeant à voix basse des propos fielleux. Ulysse, lui, reste sur le rivage pour arrimer le bateau.

Après deux heures de marche, Politès et ses compagnons arrivent en vue du palais d'or du Soleil, dont l'éclat les éblouit.

– Quelle demeure magnifique ! s'extasie Thalès.

– Moi, je préfère ça ! crie Piritaos en montrant un troupeau de bœufs aux cornes d'or et à la robe d'une blancheur immaculée.

– Les bêtes sacrées d'Hélios, murmure Politès.

– Vous n'avez pas faim ? ricane Galatès en tirant son épée.

Polyartès lui saisit le bras et le tire en arrière :

– Tu es fou !

Il désigne cinq jeunes filles aux longs cheveux blonds, vêtues de tuniques blanches et armées d'arcs de corne.

– Elles veillent sur le troupeau.

Galatès hausse les épaules :

– Et alors ? Elles sont cinq et nous vingt-deux !

– Ce sont les Héliades, les filles du Soleil. Si tu touches seulement à un de leurs cheveux, Hélios est capable de te transformer en torche vivante !

Galatès pointe le doigt sur le ciel chargé de nuages sombres :

– Il est loin, ton Soleil, et ce ne sont pas les filles qui m'intéressent. J'ai tout mon temps.

– Les nuées n'empêchent pas Hélios de voir tout ce qui se passe sur terre.

– C'est une légende pour effrayer les enfants dans ton genre !

Politès prépare une insulte lorsque Perimède leur montre les Héliades. Celles-ci s'éloignent en courant vers le rivage en s'interpellant :

– Attends-moi, Méropé !

– Je parie que je plonge avant toi !

– Phœbé, tricheuse !

Arrivées sur la plage, elles jettent leurs arcs et entrent dans la mer avec des rires joyeux. Puis elles nagent vers le large. Les compagnons d'Ulysse les ont suivies en cachette. Ils les observent un long moment. Lorsqu'ils les jugent assez loin du rivage, ils ramassent leurs arcs et leurs carquois et regagnent les prés.

Galatès se frotte le ventre :

– À table !

Politès le dévisage, incrédule :

– Tu ne veux pas…

– Je vais me gêner !

Galatès est déjà dans le pré en train d'inspecter les bœufs. Ses compagnons hésitent. Cependant, la faim les tenaille. Pour se donner du courage, ils se persuadent que le Soleil ne découvrira jamais la vérité. Quand il constatera la disparition de ses bêtes, les coupables seront loin : ils vogueront vers l'est.

L'un après l'autre, ils rejoignent Galatès. Celui-ci a séparé deux bêtes du reste du troupeau. Il les pousse hors de l'enclos en les piquant à la pointe de l'épée. Les bœufs se laissent conduire docilement.

Quand les voleurs jugent la distance assez grande, ils s'arrêtent dans une clairière et allument un grand feu.

– Sacrifions-les aux dieux, suggère Politès. Hélios sera plus indulgent.

Galatès secoue la tête avec obstination :

– Un sacrifice, c'est le meilleur moyen de nous faire repérer. L'odeur nous trahira.

Euryloque lui lance un regard ironique :

– Comment comptes-tu passer inaperçu ?

– Faites comme moi, dit Galatès.

Il jette sur les flammes toutes sortes d'herbes odorantes, en particulier les plantes mystérieuses que Circé leur a offertes et dont les vapeurs, a-t-elle assuré, les rendra invisibles. Puis, très vite, Galatès égorge les bœufs.

Après avoir amarré son bateau, Ulysse est parti à la recherche de ses compagnons. Cependant, il a beau les appeler, aucun ne répond. Après deux heures de vaines recherches, il pressent qu'un malheur est arrivé. « Ils ont déserté, pense-t-il. Ou bien ils sont tombés dans une embuscade ! » L'île semble paisible, mais sait-on jamais ?

L'épée à la main, il avance avec prudence. Soudain, il entend un craquement, des pas précipités, le bruit d'une chute, et des sanglots. Il s'élance vers la source des bruits. Là, il découvre une jeune fille prostrée, en proie au désespoir. Elle est blonde, toute jeune. Il se penche sur elle et demande avec toute la douceur dont il est capable :

– Que se passe-t-il ?

À cet instant, une autre fille surgit, affolée, aussi blonde que la première. Elle saisit la pleureuse, la serre contre elle.

– Qu'avez-vous ? demande Ulysse.

Trois autres filles arrivent, les cheveux ruisselants, leurs tuniques collées à la peau.

– Hélié, viens ! dit la plus grande. Toi aussi, Aethérié.

– Vous êtes les Héliades ! s'exclame Ulysse.

– Et toi, tu es un de ces brigands ! s'écrie Hélié.

– Un voleur !

– Un meurtrier !

Elles s'y mettent toutes, agressives, pleines de dégoût.

– Pourquoi dites-vous cela ? proteste Ulysse. Que vous ai-je fait ?

– Les bœufs de mon père… balbutie Hélié.

« Ils n'ont pas fait ça ? » pense Ulysse avec consternation. Une odeur de viande grillée, apportée par le vent, confirme ses craintes. Les Héliades s'enfuient, désespérées, les mains pressées sur leurs visages. Ulysse se met à courir. Il débouche dans la clairière et découvre le drame. Ses hommes festoient gaiement près du feu sans faire attention à lui. Des quartiers de bœufs rôtissent au-dessus des braises.

– Misérables ! crie Ulysse. Tuer ces bœufs, c'est le pire des sacrilèges !

– Un délicieux sacrilège, dit Galatès, la bouche pleine, en offrant un morceau de choix à Ulysse.

Celui-ci refuse avec répugnance :

– Vous avez perdu la tête !

– Il y a bien longtemps, dit Politès d'un air sombre. Toutes ces années de souffrance… Les dieux nous doivent bien une petite compensation.

– Les dieux ne doivent rien aux mortels ! fulmine Ulysse. Les hommes leur doivent tout : la vie, le bonheur, l'espérance.

– Le malheur, la souffrance et la mort, ajoute Sémachos.

Ulysse les force à quitter leurs places à coups de plat d'épée :

– Levez-vous, partons, fuyons cette île ! Peut-être est-il encore temps.

Son inquiétude a raison de la béatitude de ses compagnons. Ils consentent à abandonner leur festin et à le suivre vers la côte. Ils courent au bateau, le mettent à flot.

– Ramez ! Il faut s'éloigner au plus vite ! crie Ulysse. Non, ne hissez pas la voile !

Le vent a forci tout à coup. Une tempête se lève. Des vagues de plus en plus hautes frappent le navire. Ulysse dirige la manœuvre comme il peut à travers les paquets de mer qui balaient le pont.

– Gare aux récifs !

Des nuages obscurcissent le ciel. De ces nuées jaillissent des éclairs qui poignardent la mer.

– C'est Zeus, il est furieux, dit Ulysse. Hélios a dû vous dénoncer et lui réclamer votre châtiment.

Ses compagnons lui lancent des regards atterrés. Certains se jettent à genoux. Galatès lève des mains suppliantes. Mais il est trop tard pour les regrets. Zeus a déjà prononcé sa sentence. La foudre frappe le bateau. Le mât s'embrase. La coque se fend, précipitant les hommes à la mer. Le navire sombre. Ulysse voit ses compagnons disparaître sans pouvoir leur porter secours. Accroché au mât brisé, il surnage. Il est seul. Un puissant courant le pousse vers le rivage. Il croit l'atteindre lorsqu'il s'aperçoit avec terreur que la mer l'entraîne inexorablement vers la gueule béante de Charybde !

Chapitre 15

LA JEUNESSE ÉTERNELLE

Le gouffre aspire la mer. Emporté par le flot, Ulysse aperçoit déjà la gueule immonde, la bave écumante, les rocs acérés semblables à des dents. Il respire déjà son odeur de vase et de pourriture.

Ses efforts pour remonter le courant et échapper à l'abîme sont inutiles. Il va être aspiré quand il avise un figuier accroché à la falaise, à quelques mètres du gouffre. Il lâche le mât, s'accroche à une branche qui plie, qui résiste. Le flux le secoue avec violence, déchirant son corps aux arêtes des rochers. Ses mains glissent sur la branche lisse. Il va lâcher prise quand, soudain, le flot s'apaise. Le gouffre est plein ; le monstre repu.

En se hissant à la force des pieds, Ulysse passe de la branche au tronc. Il assure sa prise. Il ne lui reste plus qu'à attendre. Au bout de quelques heures, Charybde ouvre sa gueule et vomit l'eau qu'elle a absorbée. Le mât reparaît. Sans hésiter, Ulysse plonge et le saisit. Cette fois, le courant l'emmène loin du gouffre, vers le large. Il rame comme un fou avec les mains. La côte s'éloigne et disparaît. Ulysse détache sa ceinture et se lie à l'épave. Puis la fatigue le terrasse. Il s'enfonce dans un sommeil sans rêve.

La tempête le réveille deux heures plus tard. Des vagues immenses se forment à l'horizon. Elles s'approchent, se brisent sur lui pour l'assommer, le blesser, le démembrer. Tantôt le mât s'élève comme pour atteindre le ciel, tantôt il plonge dans des abysses ténébreux. Ulysse disparaît et reparaît selon les caprices de l'océan dictés par la colère de Poséidon.

Le dieu des mers n'a pas renoncé à sa vengeance. Il ne lui suffit pas d'avoir vu sombrer son navire et périr tous ses compagnons. Il veut la mort d'Ulysse.

Mais Ulysse ne veut pas mourir.

Pendant des jours et des nuits, le héros lutte contre les éléments déchaînés avec l'aide d'Athéna et le soutien de Zeus. Le maître des dieux sait que, seul des vingt-trois naufragés, le roi d'Ithaque a refusé de goûter aux bœufs sacrés, qu'il a condamné avec sévérité le sacrilège de ses compagnons et compati au désespoir des Héliades. Le troisième jour, il permet à Ulysse d'aborder sur une île.

Épuisé, le héros perd connaissance sur une plage déserte. Quand il se réveille, une jeune femme d'une beauté singulière se penche sur lui et demande :

– Qui es-tu ?

– Je m'appelle Ulysse.

Il essaie de se redresser et retombe, à bout de force.

– Ne bouge pas, conseille la femme. Tu es blessé, mais tu guériras et tes forces vont bientôt revenir.

– Où suis-je ? murmure Ulysse.

– Sur l'île d'Ogygie. Ici, tu n'as plus à redouter la colère de cette brute de Poséidon, car c'est lui qui te persécute, n'est-ce pas ?

Elle caresse les cheveux du naufragé d'un geste maternel :

– Je suis Calypso. Mon père est le géant Atlas et ma mère, Pleioné.

– Belle déesse, merci de ton accueil.

Calypso émet un rire plein de fraîcheur :

– Je ne suis pas une déesse, mais une simple nymphe des eaux. Toi, je t'ai pris d'abord pour un habitant des mers.

Ulysse enlève avec dégoût les algues et les mousses qui tapissent son corps :

– J'ai fini par le devenir !

– Tu es un guerrier, le plus grand, le vainqueur de Troie. Ta légende est parvenue jusqu'à moi.

Au même instant, quatre servantes, aussi jeunes et ravissantes que leur maîtresse, apportent une litière. Elles la déposent sur la plage et aident Ulysse à s'étendre sur elle malgré ses protestations.

– Laisse-toi faire, murmure Calypso. Tu as besoin de douceur. Cette île est l'endroit rêvé pour ça.

Les filles, plus robustes qu'il n'y paraît, soulèvent le puissant guerrier sans effort apparent et le transportent dans une vaste grotte aux parois tapissées de pierres précieuses.

Ulysse lève les yeux pour admirer la voûte. Une vigne vierge s'enroule aux douze piliers de cristal qui soutiennent une voûte d'émeraude. Des sources jaillissent des murs. Elles alimentent des bassins et irriguent des jardins aux arbustes magnifiques, peuplés de centaines d'oiseaux.

Les servantes installent Ulysse sur un lit recouvert de fourrures, puis elles dressent une table. Le héros, affamé, dévore les plats délicieux et il boit un vin doré qu'il compare à celui de Dionysos. Calypso le regarde se restaurer et reprendre des forces avant de le questionner.

– Quelle demeure merveilleuse ! s'exclame Ulysse.

La nymphe sourit :

– Ce sera la tienne, désormais.

– Comment te remercier ?

– C'est moi qui te remercie de ta présence, et je remercie les dieux de t'avoir conduit jusqu'ici.

Ulysse fronce les sourcils :

– Les dieux ? Pas tous ! Poséidon aurait choisi pour moi un séjour beaucoup moins agréable.

Le rire de Calypso résonne dans la grotte. « Un rire d'adolescente », songe Ulysse avec attendrissement. Les femmes qui l'entourent sont si jeunes, si douces, si belles, qu'il éprouve une émotion chargée de souvenirs anciens, comme un retour de sa propre jeunesse.

Les servantes se sont mises à chanter tout en tissant des étoffes précieuses. En les écoutant, Ulysse en a les larmes aux yeux.

– J'ai eu tort de fréquenter des monstres et des brutes, soupire-t-il. La vie, celle-ci, est si vraie, si merveilleuse, comparée à la mort héroïque que j'ai recherchée stupidement.

C'est au tour de Calypso d'être émue :

– Tes souffrances sont finies, dit-elle. Désormais, tous tes souhaits seront exaucés. Quel est ton premier vœu, dis-moi ?

Ulysse se penche sur un miroir d'eau et découvre un visage de vieillard, amaigri, raviné et souillé par la mer.

– Un bain, je pense.

Calypso et ses servantes applaudissent en riant.

Après s'être déshabillé, Ulysse se lave avec soin.

Une servante lui taille la barbe et les cheveux avec des ciseaux d'or. Une deuxième soigne ses plaies. Une troisième masse son corps endolori avec une crème aux vertus apaisantes. Le soir, lorsqu'il regarde de nouveau son reflet dans le miroir, il se reconnaît à peine : son visage et son corps semblent avoir rajeuni de vingt ans.

– Je ne vous fais plus peur ? plaisante-t-il.

Calypso secoue ses cheveux noirs :

– Tu n'as jamais été effrayant, sauf pour tes ennemis. C'est ainsi que je te voyais dans mes rêves : noble, intrépide, doux et brutal à la fois.

Au premier regard, la nymphe est tombée éperdument amoureuse d'Ulysse. Les jours suivants, elle s'ingénie à combler tous ses désirs. Ulysse vit dans une sorte de rêve perpétuel. Il oublie les dangers, les chagrins, la peur, la colère. Autour de lui, tout n'est que quiétude et amour. Les semaines, les mois s'écoulent ainsi, dans l'abandon et le plaisir.

Puis ce bonheur sans histoire se modifie. Il se teinte d'ennui et de mélancolie. Ulysse disparaît de plus en plus souvent. Calypso le retrouve invariablement sur le rivage. Il rêve là des heures entières, les yeux perdus au loin sur la mer. Devant son humeur sombre, elle s'inquiète :

– Tu n'es pas heureux ?

Ulysse sourit.

– Si, bien sûr, mais je voudrais revoir Ithaque.

– Les dieux t'ont conduit jusqu'ici pour oublier le passé, tes souffrances, tes amis disparus, tes ennemis toujours dangereux. Sur cette île, tu es à l'abri de Poséidon.

Ulysse prend la main de la nymphe et la porte à ses lèvres :

– Je sais. Mais les dieux n'ont pas effacé le souvenir de mon épouse, Pénélope, et de mon fils, Télémaque. Je voudrais les serrer dans mes bras avant de mourir.

Calypso lui caresse les cheveux d'un geste tendre :

– Sur cette île, tu ne mourras jamais et tu jouiras d'une jeunesse perpétuelle.

– Ceux que j'aime mourront.

– Cet amour, tu ne l'éprouves pas pour moi ?

– Si, bien sûr. Tu m'as donné tout ce que je pouvais désirer. Je ne te remercierai jamais assez pour tous tes bienfaits. Tu dois me trouver égoïste.

Calypso met ses doigts sur ses lèvres pour le faire taire :

– Égoïste, toi ? Non, tu es généreux, et loyal. Comment te reprocher de rester fidèle à cette femme, là-bas, après si longtemps ? Mais je ne veux pas te voir mourir. Or, si tu t'en vas, tu périras d'une façon ou d'une autre. Que puis-je faire pour que tu renonces à cette folie ? Parle, dis-moi ce que tu veux !

– Un bateau.

– Hélas, si je t'accordais cela, tu me quitterais à tout jamais. Je sais que tu ne reviendrais pas. Je ne supporte pas l'idée de te perdre.

Les beaux yeux de Calypso se voilent. Ulysse la serre dans ses bras et lui parle avec douceur :

– Rassure-toi, ma jolie nymphe. Je suis là encore

pour longtemps. L'océan m'emprisonne aussi solidement que tes bras blancs.

La jeune femme sourit à travers ses larmes :

– Promets-moi de ne jamais m'abandonner.

Ulysse secoue la tête :

– Je peux te faire toutes les promesses du monde, excepté celle-là.

Le lendemain, Ulysse disparaît comme chaque jour. Calypso court à sa recherche. Cette fois, elle ne le trouve pas. Affolée, elle pense qu'il a trouvé un bateau. Un navigateur s'est peut-être approché d'Ogygie sans qu'elle s'en aperçoive. Il a pris Ulysse à son bord et l'a emmené. Elle se désespère quand l'une de ses servantes découvre le héros de l'autre côté de l'île, les yeux perdus sur l'horizon éternellement bleu qui le sépare de ceux qu'il aime.

Calypso s'y rend. Elle le surveille sans se montrer, le cœur serré. Elle se demande avec désespoir comment le distraire. Soudain, Hermès lui apparaît et s'incline devant elle avec l'air railleur qu'il prend parfois devant les filles :

– Salut à toi, Calypso, merveille de la mer. Je viens t'apporter un message de la part de Zeus.

La nymphe ouvre des yeux étonnés :

– Un message ? Que désire le maître des dieux ?

– Il t'ordonne de délivrer Ulysse.

Calypso montre l'île :

– Il est libre d'aller où bon lui semble.

– Libre de retourner à Ithaque, de revoir son épouse ?

– Ça, non ! s'écrie Calypso. Je l'aime avec passion.

Zeus sait plus que tout autre ce que cela signifie. Je ne pourrais pas vivre sans Ulysse.

– Il le faudra, pourtant.

– Jamais !

– Tu préfères le voir malheureux ?

– Tous ses souhaits seront exaucés.

– Sauf un !

– Dis à Zeus que je l'ai recueilli, soigné, nourri, protégé, que je l'aime, que je l'aimerai toujours…

Hermès frappe le sol du pied, et l'île tout entière se met à trembler :

– Il sait tout cela.

– Il l'a conduit vers moi afin que je l'aide, sanglote la nymphe.

– Il t'a ordonné de l'accueillir, pas de l'aimer.

– L'amour est plus fort que la volonté, même pour les dieux.

– Obéis, laisse-le partir, à présent, ordonne Hermès impitoyable. Athéna l'exige et Zeus l'ordonne. Si tu refuses, le maître des dieux te châtiera. Souviens-toi de ton père, Atlas, condamné à soutenir la voûte du ciel pour l'éternité. Veux-tu partager son sort ou pire ?

Calypso baisse la tête, vaincue. Elle sait que Zeus peut la transformer en statue de pierre ou demander à Poséidon de l'enchaîner au fond de la mer. Elle ne craint pas ces terribles châtiments, mais, quoi qu'elle fasse, elle perdra Ulysse. Elle supplie :

– Laissez-moi un an.

– Tu as une semaine !

À ces mots, Hermès disparaît dans un léger tourbillon

de vent. Restée seule, Calypso descend vers le rivage. Ulysse continue à fixer la mer sans lui prêter attention. La nymphe se place devant lui. Elle lui sourit tristement :

– Puisque tu veux partir, je vais t'aider.

– C'est vrai ? Tu ferais cela ?

Il se dresse, tout joyeux, et se reproche aussitôt cette euphorie blessante.

– N'est-ce pas ton souhait le plus cher ?

La voix de la nymphe se brise. Ulysse lui prend la main :

– Tu es généreuse, Calypso. Belle et généreuse !

– Généreuse et malheureuse, sanglote-t-elle.

Chapitre 16

NAUSICAA

Le radeau, construit avec l'aide de Calypso, a la robustesse d'un navire. Sa plate-forme est faite de dix troncs d'arbres millénaires. Le mât est un peuplier flexible. La voile de lin, tissée pour résister à tous les vents, arbore le soleil d'or, emblème de la nymphe. Une cabine renferme l'eau et les provisions nécessaires au voyage. Elle permet à Ulysse de s'abriter du soleil ardent.

La mer est calme. Une brise tiède, venue du sud, pousse l'embarcation vers l'archipel d'Ithaque. Les paroles de la nymphe résonnent encore aux oreilles d'Ulysse : « Ne crains rien, les dieux te protègent. Hélios t'a pardonné. Il ne révélera pas ta présence à Poséidon. Où que tu sois, mon amour veillera sur toi. »

L'émotion le bouleverse au souvenir de Calypso, tremblante et désespérée, la main levée en signe d'adieu sur la grève. Le remords de l'avoir abandonnée le poursuit durant plusieurs jours. Mais déjà un nouveau rivage surgit à l'horizon. Cette côte chaotique, ces collines, ces bois noirs, ce soleil éblouissant, Ulysse les reconnaît : c'est la Grèce, son pays !

Vingt ans se sont écoulés depuis son départ, mais l'air qui vient de la terre a des senteurs familières. Le bonheur le submerge. Il tombe à genoux et remercie les dieux. Mais soudain, poussé par un excès d'orgueil mêlé de rancune, il tend le poing vers la mer et défie Poséidon :

– Ravale tes tempêtes, dieu des mers ! Je suis vivant et tu es vaincu !

La côte est proche. Il n'est plus qu'à quelques encablures, il va aborder lorsqu'une force prodigieuse soulève les flots comme si un monstre surgissait du fond des mers. Poséidon en furie lance ses vagues à l'assaut du radeau. L'esquif est emporté, il dérive, il s'éloigne. Le rivage disparaît. L'océan n'est plus qu'une succession de montagnes liquides projetées par un vent hurlant sous un ciel de ténèbres.

Accroché à son mât, Ulysse mesure sa folie. Une vanité stupide l'a poussé à insulter le frère de Zeus, l'irascible Ébranleur des terres, le maître des abysses. Ces paroles fatales, sa bouche les a prononcées malgré lui. Quelqu'un les lui a soufflées. Polyphème, peut-être.

L'ouragan détruit méthodiquement son radeau. La voile s'envole. De terribles bourrasques arrachent la cabine. Les cordages se cassent. Les troncs se détachent. Ulysse se retrouve accroché au mât, comme le jour où Zeus, exauçant la prière de Hélios, a foudroyé son bateau au large de Trinacie. Il avait alors survécu, mais cette fois, il va mourir, il le sait. Athéna ne peut plus rien pour lui venir en aide. Zeus laissera Poséidon châtier son insolence.

Pendant des heures et des heures, il plonge au fond de l'eau, attaché au mât par une corde. Puis il cesse de lutter. Il ferme les yeux et s'abandonne à son destin.

Quand il revient à lui, il se croit aux Champs Élysées, le paradis des héros. Il aperçoit une cascade, une rivière aux eaux limpides, une prairie, des arbres, un bosquet fleuri. À la chanson de l'eau se mêlent des rires de femmes. Curieux, il rampe sous le bosquet et aperçoit un groupe de jeunes filles en train de jouer à la balle.

Celle-ci, lancée trop vivement, tombe dans la rivière. Une joueuse plonge pour la repêcher, la perd, la retrouve, la brandit vers le ciel d'un geste victorieux, la lâche de nouveau. Ses compagnes rient de sa maladresse.

Ulysse surgit soudain du bosquet. Prenant cet inconnu à l'air farouche pour un faune, les filles s'enfuient avec des cris de frayeur. Seule la plus jeune reste sur place et le regarde hardiment. Elle est blonde. Sa peau est blanche et ses yeux, bleus comme la mer.

– Es-tu une naïade ? demande Ulysse, séduit par sa beauté.

La jeune fille sourit, flattée et amusée :

– Hélas, non. Je n'ai rien d'une divinité des eaux. Je me nomme Nausicaa. Mon père est le roi Alcinoos.

– Le roi de ce pays magnifique ?

– Le royaume de Phéacie. Et toi, qui es-tu ? D'où viens-tu ?

Ulysse essaie en vain de se rappeler ce qui lui est arrivé. Son dernier naufrage l'a éprouvé au point d'effacer sa mémoire.

– Je revois une tempête, murmure-t-il. Des éclairs, le choc des vagues, les ténèbres... mon bateau a sombré...

En voyant Nausicaa sourire à l'étranger, les autres jeunes filles, rassurées, s'enhardissent et s'approchent. Ce sont les servantes de la princesse. Nausicaa les accueille avec sévérité :

– Qu'attendez-vous pour lui procurer des vêtements,

peureuses que vous êtes ? Vous voyez bien que les siens ne tiennent plus. Est-ce ainsi que vous accueillez un noble étranger guidé par les dieux jusqu'à notre île ? Leucé, apporte-lui à boire ! Et toi, Thalie, va chercher le panier de notre repas. Son bateau a coulé. Il doit être affamé ! Allons, dépêchez-vous !

Pendant que les servantes exécutent ses ordres, Nausicaa continue à discuter avec Ulysse. Malgré la fatigue qui accable le naufragé, elle lui trouve un air royal. Sa beauté virile la séduit.

– Tu vas venir chez le roi, décide-t-elle. Il t'accueillera dans son palais. Tu pourras lui demander tout ce que tu désires. Mon père est le plus généreux des hommes et le plus noble des rois !

Attendri par l'enthousiasme juvénile de la princesse, Ulysse lui sourit :

– Je bénis le hasard qui m'a permis de te rencontrer.

Nausicaa secoue ses boucles blondes :

– Ce n'est pas un hasard ! Cette nuit, j'ai fait un rêve étrange. Je devais à tout prix me rendre ici, au bord de la rivière, pour laver le linge de toute la famille. Pourtant, c'est un endroit où je ne viens jamais. En m'éveillant, cette lubie, loin de se dissiper, est devenue une nécessité. Il fallait que je vienne. On aurait dit que ma vie en dépendait. En réalité, c'était la tienne ! Devant mon insistance, mon père m'a traitée de folle, mais il a cédé à mes prières. C'est ainsi que nous nous sommes installées au bord de la rivière. Il y a du surnaturel là-dessous. Tu ne crois pas ? Ce sont les dieux qui m'ont guidée jusqu'à toi.

Ulysse approuve en riant :

– Je bénis les dieux !

Après avoir fait honneur au repas servi par les femmes de Nausicaa, Ulysse se sent revivre. Les vêtements qu'il a endossés lui donnent fière allure. Il lui semble voir, derrière ces bienfaits, l'influence secrète d'Athéna.

– À présent, je dois retourner chez moi, dit Nausicaa. Ma voiture et mes chevaux m'attendent. J'irai devant pour prévenir mon père de ton arrivée. Suis ce chemin, il te mènera au palais. À ce soir !

Elle dépose un baiser sur sa joue, puis s'éloigne en bavardant gaiement avec ses servantes.

Deux heures plus tard, Ulysse se présente au palais d'Alcinoos. Le roi a préparé une réception en son honneur. Les gardes saluent l'étranger et les serviteurs s'inclinent devant lui avec respect. Le roi vient à sa rencontre, les mains tendues :

– Sois le bienvenu. Ma fille m'a parlé de tes malheurs, de ton naufrage... Il est temps d'oublier tout cela !

Ulysse porte la main à son front :

– Je l'ai déjà oublié, hélas !

– Viens, le festin que nous t'avons préparé, la musique, les danses et les jeux te rappelleront peut-être des souvenirs. Le plaisir est le meilleur remède aux blessures du cœur.

Il lui réserve la place d'honneur, à sa droite. La reine est à sa gauche. Face à lui, Nausicaa ne le quitte pas des yeux. Tous les dignitaires du royaume sont là, habillés richement, mais simples et joyeux. Les puissants royaumes de cette sorte sont généralement empreints de grandeur et de morgue. Celui d'Alcinoos respire la bonté et la générosité.

Les mets sont raffinés ; les spectacles divertissants. Après les danses, Alcinoos ordonne à un aède de chanter. Le poète se nomme Démodocos. Il est aveugle. D'une voix pathétique, il évoque d'abord les amours d'Arès et d'Aphrodite. Puis il entame un long poème consacré à l'épisode du cheval de Troie.

En entendant le récit d'une aventure dont il a été le héros, Ulysse fond en larmes. Sa mémoire, brusquement revenue, lui fait revivre l'amitié de ses compagnons, la fureur des combats, la cruauté des vainqueurs, les pillages, l'incendie, le massacre. Il révèle alors son nom. Il est Ulysse, roi d'Ithaque.

Alcinoos s'étonne :

– On dit qu'Ulysse est mort, comme Achille et Ajax.

– Ulysse est devant vous, dit le héros. Athéna l'a protégé. Et trois femmes l'ont aidé.

Il nomme Circé, Calypso, puis désigne Nausicaa.

– Une magicienne, une nymphe et une naïade, dit la jeune fille avec un sourire moqueur.

Elle explique comment Ulysse l'a prise pour une divinité des eaux. Les convives éclatent de rire. Ulysse partage leur hilarité. Ensuite, il fait le récit de ses aventures. L'assemblée l'écoute avec admiration pendant des heures. Quand il se tait, la nuit s'est écoulée. L'aube ensanglante les rivages de l'île.

– Reste parmi nous, le presse Alcinoos. Tu épouseras ma fille. Elle est amoureuse de toi, ça crève les yeux ! Je te considérerai comme mon fils.

Mû par un sentiment de reconnaissance, Ulysse étreint le roi et sourit tristement :

– Tu me fais trop d'honneur, seigneur. Tu m'offres le pouvoir, la richesse, le bonheur, tout ce qu'un mortel désire. J'ai rêvé de tout cela, moi aussi. Mais j'ai maintenant d'autres ambitions. Il y a vingt ans que je n'ai pas revu ma patrie. Là-bas, mon épouse et mon fils attendent mon retour. La guerre et la colère de Poséidon m'ont exilé loin de ceux que j'aime. Mais mon cœur est fidèle. Et, malgré la tendresse que m'inspire Nausicaa, je reprendrai la mer dès que je pourrai.

– Je conçois ton impatience, dit Alcinoos. Je vais t'aider à accomplir ton voyage. Dès demain, un bateau te conduira à Ithaque. Il sera chargé de présents, une manière d'honorer le héros de Troie. Après tant d'épreuves et tant de victoires, tu as mérité de goûter au repos. Mais d'abord, puisque le jour vient de naître, offrons un sacrifice à Poséidon afin qu'il te pardonne tes offenses et te permette d'arriver à bon port.

Suivant les instructions du roi, ses serviteurs dressent un bûcher sur le rivage. Le grand prêtre immole un bœuf en l'honneur du dieu des mers. Cependant, à l'instant où les servants vont disposer la viande sur le bûcher, un puissant souffle venu de la mer étouffe les flammes et disperse les braises. C'est le signe que Poséidon refuse le sacrifice. Loin de renoncer à sa vengeance, il prévient les assistants effrayés : de nouveaux tourments attendent le héros et les impies qui le soutiennent.

Chapitre 17

LES VAUTOURS

Le navire des Phéaciens approche d'Ithaque. Son équipage se compose de vingt hommes, commandés par le capitaine Pélargos et le maître de nage, Glyphos.

– Il dort encore ! constate Pélargos.

Glyphos secoue la tête avec un gros rire :

– Un sommeil pareil, je n'ai jamais vu ça !

Il montre Ulysse endormi. Depuis le départ de Phéacie, le héros étendu sur le pont, la tête appuyée à un rouleau de cordage, n'a pas fait un geste.

Il ne bouge pas davantage lorsque la quille du bateau racle les galets et s'immobilise sur la grève, au sud de l'île.

– On le réveille ? demande un marin.

Le capitaine fait un signe négatif :

– Portez-le à terre.

Deux robustes rameurs empoignent le dormeur, l'un par les épaules, l'autre par les pieds. Ils descendent le long de la passerelle et couchent leur fardeau avec précaution sur un tas de varech. D'autres disposent autour de lui les riches présents d'Alcinoos. Ulysse ne se réveille pas.

Pélargos donne aussitôt l'ordre d'appareiller. Il n'est pas fâché de s'éloigner de cette île et surtout d'abandonner cet homme poursuivi par la malédiction de Poséidon. Il a assisté au sacrifice manqué. Quand le roi l'a désigné pour braver le courroux du dieu des mers, il a frémi. Il redoutait cette traversée. Il avait tort, peut-être. Elle s'est bien déroulée et le retour est agréable. La mer est tranquille, le vent favorable, la mer bleue.

Les rameurs chantent gaiement. La Phéacie est en vue.

Glyphos pointe le doigt sur l'île :

– Alcinoos nous guette !

Pélargos agite la main. Il ordonne de réduire la voile, car le bateau approche du port. À l'instant de franchir la passe, soudain, un bruit terrifiant retentit, suivi d'un silence de mort. Le bateau et son équipage sont transformés tout entiers en statue de pierre. Poséidon, voyant lui échapper Ulysse, protégé par le sommeil où l'a plongé Athéna, s'est vengé sur ceux qui ont aidé le héros à regagner sa patrie.

À mille miles au nord, Ulysse s'éveille en sursaut, comme si le fracas avait résonné jusqu'à Ithaque. Il s'étire et regarde autour de lui avec étonnement : est-ce encore la Phéacie ou bien une nouvelle île enchantée, comme celle de Circé ou celle de Calypso ? Puis il reconnaît la côte, les promontoires et le profil du Nérite, la montagne qui s'élève au sud de son royaume. C'est son île, c'est Ithaque !

Il ne se souvient plus d'être monté à bord du navire phéacien. Il pense qu'un pouvoir divin l'a transporté jusque-là. Il pousse un cri de joie et s'agenouille et baise le sol de sa patrie.

Sa première impulsion est de se précipiter vers son palais, de serrer Pénélope sur son cœur, de revoir Télémaque et de se faire reconnaître par ses sujets. Cependant, les premiers êtres qu'il rencontre et qu'il salue en chemin lui jettent des regards indifférents ou hostiles. Les uns sont trop jeunes pour l'avoir connu. Les autres ne voient en lui qu'un étranger. Vingt ans ont passé et les épreuves ont transformé leur roi.

Il presse le pas lorsque Athéna se dresse sur sa route. Devant cette apparition éblouissante, Ulysse s'agenouille et s'écrie :

– Belle déesse, merci de m'avoir reconduit chez moi !

– Chez toi, tu n'y es pas encore ! dit Athéna. Tout le monde prétend que tu es mort. Si tu reparais, tes rivaux risquent de te précipiter dans l'enfer où ils te croient enfoui !

– Mes rivaux ?

Ulysse sursaute et regarde la déesse avec stupéfaction.

– Les jeunes nobles de ton royaume, explique Athéna. Aux dernières nouvelles, ils étaient cent huit. Depuis longtemps ils pressent Pénélope de désigner un nouveau roi parmi eux. Un nouveau roi et un nouvel époux !

Ulysse empoigne son épée :

– Ils oseraient ?

La déesse acquiesce :

– Ils ont toutes les audaces. Ils se sont installés à demeure dans ton palais. Ils dorment dans tes lits, pillent tes provisions et vident ta cave.

– Vautours ! enrage Ulysse.

Il veut courir au palais. Athéna le retient :

– Pas tout de suite !

– Mais… Pénélope ?

– Ton épouse est fidèle, un modèle de vertu. Et elle est intelligente, ça oui ! Elle t'a attendu vingt ans. Elle peut bien patienter encore quelques jours. Elle n'a jamais voulu croire à ta mort. Pour résister à ses prétendants, elle a inventé un stratagème remarquable. Elle leur fait croire qu'elle tisse le linceul de ton père Laërte. Elle ne choisira pas de nouveau roi, affirme-t-elle, avant d'avoir achevé cette œuvre sacrée. Cette comédie dure depuis des années. Chaque nuit, elle défait sur son métier le travail de la journée.

Ulysse se met à rire malgré lui :

– Je reconnais bien Pénélope et ses ruses !

– Dignes des tiennes, dit Athéna. Voici ce que tu devras faire : pour commencer, tu vas cacher les richesses que t'a offertes Alcinoos. Ensuite, tu te rendras au palais. Mais on ne doit te reconnaître sous aucun prétexte. C'est pourquoi je vais te donner une autre apparence.

Aussitôt, elle le transforme en un vieux mendiant au corps couvert de croûtes et de haillons.

– Je suis répugnant ! proteste Ulysse.

– Ainsi, nul ne se méfiera de toi. Va maintenant.

Après avoir caché les trésors d'Alcinoos dans une grotte, Ulysse continue sa route. En passant devant la maison du porcher Eumée, il s'arrête. Le porcher regarde avec méfiance ce mendiant qu'il n'a jamais vu. Ulysse sourit avec ironie :

– Tu ne reconnais plus ton roi ?

– Mon roi ?

– Ulysse, oui.

Eumée empoigne son gourdin :

– Tu te moques de moi, vieil épouvantail ?

– Ne te fie pas aux apparences, l'ami, conseille Ulysse en lui arrachant son bâton et en le brisant entre ses mains avec une facilité stupéfiante. Je me souviens du jour où tu m'as aidé à tuer ce sanglier géant. J'avais quinze ans.

En disant cela, Ulysse soulève ses haillons et découvre sa jambe. En voyant la cicatrice qui entaille la cuisse du héros, le porcher tombe à genoux et se met à pleurer de joie :

– Ulysse, mon roi, enfin ! J'attends ton retour depuis si longtemps ! Tu es là, c'est bien toi. Bénis soient les dieux !

Ulysse lui tend la main :

– Relève-toi, le plus loyal de mes sujets.

– Le plus loyal et le plus malheureux, soupire Eumée. Les princes, ces maudits, occupent ton palais. Ils souillent tout, corrompent tes servantes, chassent tes fidèles, insultent ton épouse, malmènent ton fils.

Ulysse pose la main sur son épaule :

– Tout cela va cesser, je te le promets, et tu vas m'aider à mettre de l'ordre dans ma maison. Ces chiens seront punis comme ils le méritent.

Le visage du porcher s'illumine d'une joie sauvage :

– Avec plaisir !

– Mais d'abord, je veux parler à mon fils.

– Pauvre Télémaque ! soupire Eumée. Il est parti à ta recherche. Il a erré une année entière à travers la Grèce. Il s'est rendu à Pylos, auprès du roi Nestor, puis à Sparte, chez Ménélas. Là, on lui a assuré que tu avais survécu, que tu étais prisonnier de Circé. À son retour, personne ne l'a cru. On lui a ri au nez. Sauf Pénélope, bien entendu.

– Va le chercher, ramène-le. Mais ne lui dis pas que je suis revenu. Nul ne doit savoir.

Eumée obéit. Une heure plus tard, Télémaque arrive. Il examine le mendiant d'un air perplexe. Ulysse, lui, regarde son fils avec admiration. Il a laissé un enfant ; il découvre un homme au corps robuste et au visage plein de noblesse.

– Je suis ton père, dit-il.

Devançant la protestation du prince, il explique :

– Athéna m'a donné cette apparence repoussante afin de me permettre d'accomplir mon dessein. D'abord, nous allons nous débarrasser des individus arrogants qui infestent ma maison.

– Père ! s'écrie Télémaque, fou de joie, en se précipitant dans ses bras.

Ulysse s'écarte de lui en riant :

– Mon fils, ne salis pas tes beaux habits à mon contact. Garde ton affection pour plus tard. L'heure est à la justice, pas à l'amour. Pas encore. Voici mon plan.

Télémaque et Eumée écoutent le roi, puis le jeune prince éclate de rire :

– Quel bonheur d'être le fils d'un héros tel que toi !

Chapitre 18

LE MENDIANT

Pour les nobles de l'île, vautrés dans les jardins du palais royal, la venue du vieux vagabond est une distraction appréciée.

– Regardez ce qui nous tombe du Parnasse ! s'écrie Antinoos, le plus vaniteux des prétendants.

Il tourne autour du mendiant en se bouchant le nez :

– L'animal pue comme le cadavre de l'hydre.

– Gare au venin ! ricane Amphinomos.

Pisandre asperge le vieillard avec l'eau d'une fontaine :

– Un bon bain, voilà ce qu'il lui faut.

Certains lui jettent des cailloux et lui conseillent de passer au large ; d'autres lui couvrent la tête de pétales de fleurs. Les jeunes servantes du palais ne sont pas en reste : elles se moquent du vieil homme et le traitent de sorcier. Cependant, aucun ne reconnaît le roi sous son déguisement de miséreux.

Seul un vieux chien, couché dans un coin, pousse un jappement joyeux. Le mendiant se penche sur l'animal et lui gratte la tête. Il murmure de manière que nul ne l'entende : « Argos, mon vieux compagnon ! » Jadis, il allait chasser avec lui sur les collines d'Ithaque. On dirait que le chien a attendu le retour de son maître pour mourir. Il fait un effort pour l'accueillir et retombe sans vie.

– Impossible de savoir lequel est le plus pourri de l'homme ou du chien ! glousse Argélaos.

Révolté, Ulysse serre son bâton de chêne à le briser. Cependant, il se maîtrise. Il pense : « Patience, jeunes insolents, votre tour viendra, votre tour à tous. Quand j'en aurai fini avec vous, je vous promets que vous sentirez plus mauvais que ce pauvre Argos ! »

Il tend la main :

– La charité, jeunes seigneurs !

Comme ils lui rient au nez, il insiste :

– J'ai faim !

– Qu'on lui donne à manger et qu'il disparaisse ! ordonne Antinoos avec dégoût.

Par dérision, une servante jette un quignon de pain sec dans la boue.

– Merci pour votre générosité ! gronde Ulysse.

Ctésippos, le plus riche des prétendants, prend les autres à témoin :

– Chacun reçoit ce qu'il mérite !

– Je ne te le fais pas dire, marmonne Ulysse entre ses dents.

Comme il se penche pour ramasser le morceau de pain, un talon enfonce le quignon dans la boue, et un homme le bouscule brutalement :

– Passe ton chemin, guenilleux !

Ulysse regarde celui qui l'insulte : c'est un mendiant, lui aussi, mais plus jeune, mieux vêtu et mieux nourri.

– Je suis Iros, dit celui-ci. Il n'y a pas de place ici pour deux mendiants. J'étais là avant toi, alors dégage, et vite !

Les prétendants s'esclaffent en voyant les mendiants prêts à en venir aux mains.

– Que le meilleur gagne ! crie Polybe.

Ils font cercle autour des deux vagabonds. Iros, fier d'être le centre d'intérêt, fait tournoyer son bâton. Il est sûr de sa victoire face à son adversaire débile. Les nobles l'encouragent :

– Vas-y, Iros ! Défends tes privilèges !

– Chasse l'usurpateur !

Iros lève son gourdin, mais avant d'avoir pu frapper, il sent une main puissante lui arracher son arme et un poing s'écraser sur son visage. Le coup le projette dans la fontaine. Il gît là, assommé. Les prétendants applaudissent l'exploit du vieil homme.

– Quel coup ! Un vrai guerrier ! ironise Antinoos. Viens partager notre festin, tu l'as bien mérité. Tu seras l'hôte d'honneur.

Les autres prétendants saluent la proposition avec des cris enthousiastes. Ulysse est introduit dans son palais. On l'installe à la place des visiteurs de marque. Les servantes lui apportent à boire en s'inclinant devant lui comme s'il s'agissait d'un prince.

– Honneur au roi des pouilleux ! crie Antinoos.

– Chante-nous quelque chose, exige Agélaos.

Tous les convives approuvent l'idée en heurtant les tables avec leurs coupes d'argent :

– Une chanson ! Une chanson ! Une chanson !

Ulysse regarde avec mépris la débauche qui s'installe, les servantes assises sur les genoux des prétendants, le vin répandu sur les nappes, la nourriture qui déborde des plats.

– Et Pénélope, où est-elle ? s'écrie soudain Antinoos.

Il bouscule une servante :

– Va chercher ta maîtresse.

– La reine est fatiguée, dit la fille. Elle préfère rester dans sa chambre.

– Fatiguée ! gronde le prétendant. Tous les prétextes sont bons pour rester à l'écart.

– Il faudra bien qu'elle se décide, dit Démoptolème. Une femme ne peut pas gouverner un royaume.

Ces propos insultants suscitent la colère d'Ulysse. Il a de plus en plus de mal à se contenir. Ses ongles s'enfoncent dans ses paumes si profondément que le sang coule. Il dit d'une voix sourde :

– Vous voulez une chanson, mes princes ? Ma voix est trop éraillée pour vos tendres oreilles. Mais, si vous le voulez bien, je vais vous faire le récit de la guerre de Troie.

– Que sais-tu de cette glorieuse épopée, vieux débris ? raille Liocritos.

– Ce que m'ont raconté les héros qui en revenaient, dit Ulysse avec humilité.

Antinoos étouffe un bâillement :

– C'est bien, vas-y, mais si tu nous ennuies, je te préviens, tu finiras ton repas avec les cochons.

Aussitôt, fermant les yeux, Ulysse se met à raconter le départ de la grande expédition, les combats héroïques devant les murailles géantes de la ville, la colère d'Achille, la mort d'Hector, puis celle de Pâris, coupable d'avoir enlevé l'épouse d'un roi.

– Avec l'aide d'Aphrodite, précise Antinoos.

Argélaos sourit d'un air ironique :

– Tu ferais bien de l'invoquer pour faire des progrès auprès de Pénélope.

Antinoos toise son rival avec suffisance :

– Je n'ai nul besoin d'une intervention divine, moi !

Ulysse reprend son récit. Il raconte l'enlèvement du Palladion et la construction du cheval de Troie, puis la prise et l'incendie de la cité. En proie à l'ivresse, les prétendants interrompent sans cesse le conteur avec grossièreté.

– Puisque tu es si savant, dis-nous où Ulysse a crevé ! crie Ctésippos.

– Cela, nul ne le sait, murmure Ulysse.

– On parle de l'île de Circé.

Les autres se déchaînent :

– La magicienne l'a transformé en mouton !

– Une métamorphose conforme à sa nature !

C'en est trop pour Ulysse. Il va laisser éclater sa rage quand une servante annonce que la reine, ayant appris que le voyageur apportait des nouvelles de Troie, veut s'entretenir avec lui. Il se lève, envahi d'une puissante émotion à la pensée de revoir la femme qu'il aime.

Antinoos le bouscule méchamment :

– Vas-y, vermine, puisqu'elle préfère les mendiants aux princes. Si tu es assez éloquent, elle te fera l'aumône. Tu sauras l'être, j'en suis sûr. Tu as bien réussi à partager notre festin, malgré ta puanteur qui me coupe l'appétit. Il y a en toi je ne sais quel pouvoir…

Il n'achève pas sa phrase, car Athéna, qui a pris l'apparence de l'échanson, détourne ses soupçons en remplissant sa coupe.

Ulysse suit la servante jusqu'à la chambre de la reine. Pénélope est assise devant sa tapisserie. Elle lève les yeux avec curiosité sur le vieux mendiant. Elle a conservé son beau visage malgré les fils d'argent qui parsèment ses cheveux noirs. La tristesse a terni sa fraîcheur d'autrefois, mais ses traits sont toujours purs et délicats.

Ses yeux rencontrent ceux d'Ulysse. Soudain, ses mains se mettent à trembler. Elle balbutie, déconcertée :

– C'est toi, c'est bien toi ?

– Ne te fie pas à mon apparence, lui dit Ulysse. Athéna a fait de moi un mendiant pour tromper les pillards qui ont envahi notre palais. Si les épreuves m'ont marqué, ce n'est pas au point de faire de moi un vieillard !

Comme elle se précipite dans ses bras, il la baise au front puis il la repousse avec douceur :

– Laisse-moi d'abord prendre un bain. Je suis sale et repoussant.

Avec l'aide de sa nourrice, qui pleure sans retenue, il se lave avec soin, puis il remet ses haillons en dépit des protestations de la vieille femme.

– Personne ne doit savoir qui je suis, dit-il. Mais demain, tout le monde apprendra qui est le roi d'Ithaque !

Au même instant, Télémaque entre dans la chambre. Il sourit au spectacle de ses parents tendrement enlacés.

– Explique à ta mère ce que doit être son rôle, ordonne-t-il. Et réunis nos fidèles. Je présume qu'ils ne doivent pas être nombreux.

– Beaucoup m'ont trahie, dit Pénélope avec amertume.

– Ils seront châtiés comme ils le méritent, et les autres récompensés.

Pénélope sourit. Elle reconnaît son héros, celui qui veillait sur elle. Généreux avec ses amis et redoutable à l'égard de ses ennemis.

Elle soupire :

– La nuit dernière, j'ai rêvé que tu étais de retour.

– Ce n'était pas un rêve, mais un message d'Athéna, dit Ulysse.

Chapitre 19

L'ÉPREUVE

L'apparition de Pénélope dans la salle d'honneur du palais fait sensation parmi les prétendants. La reine, toujours vêtue de noir, coiffure sévère et visage voilé, est, ce jour-là, vêtue d'une robe blanche tissée de fils d'or. Ses longs cheveux dénoués tombent librement sur ses épaules. Ses pieds sont chaussés de bottines de chevreau blanches.

Les nobles abandonnent leurs airs hautains pour s'incliner sur son passage.

– Tu es radieuse, dit Antinoos, incapable de dissimuler son admiration.

Pénélope lui sourit :

– C'est un grand jour. J'ai décidé de choisir parmi vous celui qui succédera à Ulysse à la tête du royaume d'Ithaque.

– Celui qui sera ton époux, ajoute Antinoos avec suffisance.

Pénélope lui adresse un geste charmant de la main :

– Cela va sans dire.

Les prétendants se pressent maintenant autour d'elle, impatients et avides.

– Qu'est-ce qui déterminera ton choix, dis-nous ? demande Agélaos.

– La richesse, lance Ctésippos, le plus fortuné des cent huit prétendants.

– La noblesse ? suggère Archélaos, dont les ancêtres affirment descendre d'Apollon.

– La beauté ? dit Antinoos.

Le sourire de la reine se teinte de mystère. Elle les dévisage tous l'un après l'autre, comme si elle cherchait parmi eux l'élu de son cœur, tandis qu'ils attendent sa réponse en silence.

– Ulysse n'était pas seulement un grand roi, déclare-t-elle enfin. C'était aussi un guerrier valeureux. Il a accompli maintes actions héroïques au cours de sa vie, en particulier pendant la guerre de Troie. On dit qu'il a ensuite affronté avec courage des créatures monstrueuses. Sa couronne ne saurait échoir au premier venu.

– Ce grand guerrier, il t'a abandonnée, si j'ai bonne mémoire, fait remarquer Antinoos avec aigreur.

Euryadès hausse les épaules :

– Et il est mort !

– En héros, dit Pénélope avec émotion. Pour gouverner ce royaume et le préserver de ses ennemis, il faut un homme fort et courageux. C'est pourquoi j'ai décidé de vous soumettre à une épreuve, disons un concours. Le vainqueur gagnera ma main et la couronne d'Ithaque.

– Quelle épreuve ? demande Agélaos, méfiant.

Pénélope se met à rire :

– Un simple exercice d'adresse auquel se livrait mon époux, rien d'effrayant, rassurez-vous.

– Nous n'avons pas peur, réplique Antinoos, ulcéré.

Ctésippos crache sur le sol avec mépris :

– Si Ulysse réussissait l'épreuve dont tu nous parles, ce sera pour nous un jeu d'enfant !

– Je n'en doute pas !

L'ironie perce dans le ton de la reine. Elle fait signe à Mentor, le conseiller fidèle d'Ulysse, qui est resté à ses côtés pendant vingt ans. Celui-ci présente aux concurrents un arc et un carquois.

– Voici l'arme favorite d'Ulysse, explique Pénélope. Iphitos la lui a offerte autrefois. Regardez bien cet arc : il n'est pas ordinaire. C'est Apollon qui l'a donné au roi Eurytos, le père d'Iphitos. Sa force divine rejaillit sur l'archer.

Elle laisse le temps aux prétendants d'admirer l'arme, son bois précieux, sa forme harmonieuse et sa corde frémissante. Puis elle désigne une statue d'olivier qui représente un faune en précisant :

– Vous devrez atteindre cette cible après avoir fait passer votre flèche à travers douze fers de hache.

Pendant son discours, Mentor a planté les fers en question dans le sol. Il les a disposés de telle sorte que leurs anneaux soient dans un alignement parfait. Il vérifie avec soin leur position, puis, satisfait, il ordonne aux servantes de quitter la pièce et à Eumée de fermer les portes.

– Êtes-vous prêts à tenter l'épreuve ? demande Pénélope.

Ils acquiescent en silence.

– Tous ? insiste-t-elle. Ce n'est pas sans risque.

– Quel risque ? demande Polybe.

– Celui de tout perdre.

Ils échangent des regards méfiants. Soudain, Antinoos s'empare de l'arc :

– Moi, d'abord !

Ctésippos serre les poings d'un air menaçant :

– Pourquoi, toi ?

– Je suis le meilleur parti !

– Le meilleur parti, c'est vrai ! ricane Agélaos. Tu partiras le premier après avoir manqué la cible !

Ignorant les sarcasmes de ses rivaux, Antinoos essaie de tendre la corde de l'arc et n'y arrive pas. Le bois est trop rigide, la corde trop lisse. Après dix tentatives, épuisé, il jette l'arc avec dépit sous les lazzis des autres prétendants. Cependant, plusieurs d'entre eux essaient à leur tour sans plus de succès.

– Il faut chauffer l'arme pour l'assouplir, conseille Amphinomos.

Aussitôt, ils raniment le feu et approchent l'arc des flammes.

– Ne le brûlez pas ! s'écrie Mentor.

– Aucun risque ! réplique Ctésippos.

– Il est chaud, annonce Pisandre.

– On le croirait vivant, fait remarquer Élatos.

Éphialtès, le plus robuste des concurrents, écarte les vaincus avec un sourire de triomphe. D'habitude, rien ne lui résiste. On le prétend capable de terrasser un taureau furieux. Il s'empare de l'arc, bande ses muscles, pèse de tout son poids sur le bois. Cependant, il a beau faire, il est incapable de modifier sa courbure et de mettre la corde en place.

Humilié par son échec, il jette un regard hargneux à la reine :

– Tu te moques de nous !

– Moi ? murmure-t-elle avec innocence.

– Ce que tu exiges est impossible !

– C'est vrai ! s'emporte Antinoos. Ton épreuve est

un piège grossier. Tu sais que personne ne peut bander cet arc. Personne ! Tu veux nous éliminer de cette façon indigne !

Au même instant, le vieux mendiant s'avance et demande :

– Puis-je essayer ?

Les nobles éclatent de rire :

– Voici l'époux idéal !

– Le défenseur du royaume !

– Plus fort que les guerriers d'Ithaque !

– Déguerpis, épouvantail !

Comme ils le malmènent, la reine s'interpose et exige :

– Qu'on le laisse essayer !

Éphialtès remet l'arc au vieillard en ricanant :

– Vas-y, l'ancêtre, montre-nous un peu ta force et ton adresse !

Sous les yeux médusés des prétendants, le mendiant courbe l'arc sans effort, met la corde en place, encoche une flèche, et, du premier coup, atteint la statue du faune entre les deux yeux. Ensuite, sans laisser le temps aux prétendants de reprendre leurs esprits, il se débarrasse de ses haillons et se dresse devant eux. Son aspect a changé car Athéna lui a rendu son apparence réelle. Son visage est beau, et son corps, vêtu d'une simple tunique, révèle des muscles puissants.

– Ulysse ! C'est Ulysse ! s'écrie Phémios, l'aède.

– Ulysse, votre roi, oui ! gronde le héros. Ulysse que vous avez insulté dans sa propre demeure !

D'un geste vif, il saisit une nouvelle flèche. Antinoos

tombe, frappé en plein cœur. Puis c'est le tour de Ctésippos et celui d'Éphialtés. Les traits meurtriers se succèdent à un rythme impitoyable. Les nobles, affolés, courent dans tous les sens. Certains essaient de se cacher sous les tables, mais les flèches traversent le bois. D'autres essaient en vain de quitter la salle du banquet : Athéna, qui a pris l'apparence de Mentor, a scellé les portes. Les plus courageux s'attaquent à Ulysse. Ils ramassent leurs armes, lancent des flèches et des javelots sur le héros qui poursuit inlassablement son œuvre de mort. Athéna détourne les projectiles. Les fers frôlent Ulysse sans le blesser.

Télémaque et Eumée se joignent au roi et combattent à ses côtés. Bientôt, la bataille se termine. Cent huit corps gisent sur le sol. Tous les prétendants ont payé de leur vie leur trahison.

Ulysse demande alors à Mentor d'ouvrir les portes. Les serviteurs, qui ont entendu les clameurs du combat et les cris d'épouvante, découvrent le spectacle macabre avec terreur. Ulysse leur ordonne d'emmener les corps, puis de laver le sang qui souille la salle d'honneur.

Tout le monde tremble devant la fureur du roi. Pénélope, elle, admire le héros fidèle à sa légende.

Athéna sourit sous les traits de Mentor. Grâce à elle, Ulysse a remporté une nouvelle victoire, la plus juste, la plus sanglante sans doute. Elle sait pourtant que son triomphe sera de courte durée. Les Moires ont fixé son sort. Elle-même, malgré tous ses pouvoirs, est incapable d'infléchir le cours du destin.

Chapitre 20

LA LANCE EMPOISONNÉE

Le royaume est en paix. Athéna a désarmé les parents des nobles exécutés qui rêvaient de vengeance. La prospérité règne sur l'archipel d'Ithaque. Pénélope a retrouvé sa joie de vivre. Ulysse, après avoir restauré son autorité et imposé sa justice, s'est adonné aux plaisirs de la chasse sur les pentes du Nérite. Comme au temps de sa jeunesse, il a traqué les lions et les sangliers. Mais, très vite, cette passion l'a abandonné.

Il s'est lancé alors dans de grands travaux. Il a agrandi le palais d'Ithaque et aménagé de nouveaux jardins sur le modèle de ceux de Calypso. Il a développé les cultures, planté des arbres fruitiers venus d'Orient et importé des bœufs dont la blancheur rappelle ceux d'Hélios. Il est fier de ses troupeaux.

Il pourrait être heureux. Il ne l'est pas : il s'ennuie. De plus en plus souvent, il se promène seul le long du rivage et contemple la mer. Il songe à ses voyages, à ses aventures merveilleuses, à sa lutte contre les flots déchaînés et les monstres enfantés par le maître des profondeurs, à ses combats sous les murs de Troie, à l'époque glorieuse où les dieux se faisaient la guerre.

Les temps héroïques sont révolus. Le royaume appartient désormais aux paysans, aux pêcheurs et aux marchands. La guerre n'est plus qu'un souvenir. Hormis un raid de pirates du nord qu'Ulysse a rejetés à la mer, quelques mois auparavant, la paix règne. La terre s'endort, comme prise de torpeur.

Parfois, Mentor vient rejoindre son ami au cours de ses balades solitaires. Sa mélancolie l'inquiète :

– Tu n'es pas heureux, Ulysse.

– Si je ne l'étais pas, j'insulterais les dieux. On croirait à un retour de l'âge d'or, le temps où les dieux vivaient en paix. Tu ne trouves pas ?

Mentor perçoit l'ironie et l'amertume dans ces paroles. Ulysse s'est assis sur un rocher, les épaules voûtées, les sandales flottant dans les vagues. Mentor s'installe à sa droite, sa tunique troussée pour ne pas être éclaboussé.

– Tes jambes sont maigres, constate Ulysse.

– Les tiennes s'alourdissent, réplique Mentor. Tu devrais recommencer à chasser.

– Et à faire la guerre.

– Le sang a assez coulé, tu ne crois pas ?

– Celui des tyrans et des monstres ne coulera jamais assez !

Mentor pose une main apaisante sur l'épaule de son ami :

– Il n'y a ni despote ni Polyphème sur ces îles.

– Il est peut-être temps d'aller voir ailleurs.

Mentor regarde son maître avec tristesse :

– Tu songes à repartir, n'est-ce pas ?

Comme Ulysse ne répond pas, il ajoute :

– Télémaque te manque !

Un cri rauque sort de la gorge du roi :

– Maudit oracle !

Tirésias, le premier, et après lui plusieurs oracles ont prédit au roi qu'il mourrait de la main de son fils. Effrayé par la prédiction, Télémaque s'est enfui à Corfou malgré les protestations de son père. Ulysse ne croit pas à l'oracle. Son fils lui manque cruellement. Télémaque est un homme sensible, affectueux, généreux et pacifique, incapable de lever la main sur lui. Ulysse se plaisait en sa compagnie. Il rêvait de voyager, de festoyer, de combattre à ses côtés. Il l'aurait formé au métier de roi. Mais Télémaque a quitté Ithaque. Sans lui, Ulysse se sent seul, abandonné. Eumée est mort. Mentor se fait vieux. Pénélope reste enfermée au palais des journées entières.

Il regarde la mer en silence, en proie à une tristesse irrépressible quand un homme surgit, hagard, pantelant. C'est un berger, Ulysse le reconnaît. Son nom est Égeste. Il crie :

– Maître, vite, venez ! Les envahisseurs ! Ils massacrent nos bêtes !

– Les pillards ! gronde Ulysse.

Il bouscule Mentor, trop lent à réagir :

– Va au palais ! Avertis les archers ! Sonne l'alarme !

Sans attendre ces renforts, il saisit son épée et sa lance avec jubilation. L'inaction lui pèse. Un ennemi, enfin !

Égeste le précède jusqu'aux prairies d'Aspale, proches de la côte. Là, Ulysse découvre huit hommes autour d'un feu. Plusieurs bœufs dépecés gisent dans l'herbe rougie. Ce sont les plus beaux du troupeau. Ulysse songe instinctivement aux bêtes sacrées d'Hélios massacrées par ses compagnons.

La fureur s'empare de lui. Il surgit au milieu du cercle des pillards en hurlant :

– Misérables voleurs !

Les hommes bondissent sur leurs armes. Leur chef les retient. Il tend la main à Ulysse, un geste pacifique :

– Nous ne sommes pas des voleurs. Nous avions faim. Ces bêtes, nous te les paierons.

– Vous paierez, oui ! fulmine Ulysse. Mais pas de la façon que vous imaginez. Tu n'as pas assez d'or pour acquitter ta dette.

Les pirates, voyant leur chef menacé, forment un écran protecteur. Sans leur laisser le temps d'attaquer, Ulysse cloue le premier au sol avec sa lance, et il en tue deux autres à coups d'épée. À présent, il fait face à leur chef. C'est un jeune guerrier d'une vingtaine d'années. Il n'a pas l'allure d'un pirate. Il y a en lui une noblesse et une fierté qui font penser à Télémaque. Cette ressemblance frappe Ulysse. Elle l'incite à retenir ses coups. Il n'a aucune intention de tuer ce jeune homme. Il cherche seulement à le désarmer. L'autre se défend avec courage. Il blesse son adversaire à la cuisse d'un coup de lance. Alors, d'un coup de plat d'épée, Ulysse le jette par terre. Son pied se pose sur sa lance.

– Arrête ! Arrêtez tous ! crie Mentor.

Il accourt à la tête d'une troupe de guerriers. Les soldats désarment les envahisseurs. Mentor montre le bateau des pirates, ancré sur le rivage :

– Regarde cette voile, Ulysse. Tu ne la reconnais pas ?

– La fleur rouge de Circé ! s'exclame Ulysse en voyant le symbole sanglant sur la voile noire.

Il se penche vers le jeune homme :

– Vous venez d'Aea ? Tu connais Circé ? C'est elle qui t'envoie ? Parle !

L'autre, encore étourdi, se relève avec difficulté, puis il le dévisage d'un air effaré :

– Tu es Ulysse ? Le roi ?
– C'est moi, oui.
– Cette île est Ithaque ?
– Tu l'ignorais ?
– J'ignorais tout, sans cela…

Soudain, il se met à sangloter à la stupéfaction d'Ulysse.

– Je suis Télégonos, dit-il. Le fils de Circé, et le tien !

Ulysse secoue la tête, abasourdi :

– Mon fils ?

– Circé m'a demandé de partir à ta recherche. Je t'ai trouvé pour ton malheur !

– Quel malheur ? s'exclame Ulysse. Je ne connaissais pas ton existence, mais je m'en réjouis.

Il se tourne vers Mentor :

– Un fils, c'est une nouvelle magnifique !

Télégonos montre la blessure d'Ulysse d'un doigt tremblant :

– Cette blessure…

– Une simple égratignure, dit Ulysse avec un gros rire. J'en ai vu bien d'autres !

– Pas comme celle-ci.

Télégonos repousse sa lance avec horreur :

– Son fer est empoisonné !

Ulysse fait la grimace :

– Empoisonné ? Par quoi et comment ?

– Un venin mortel contre lequel il n'existe pas d'antidote.

Sans hésiter, Ulysse a saisi son poignard. Il ouvre la blessure, fait jaillir le sang pour se débarrasser du poison. Télégonos se tord les mains avec désespoir :

– Il est trop tard !

Ulysse hoche la tête avec un rire amer :

– Circé, maudite sorcière !

Déjà, ses forces déclinent. Ses jambes ne le portent plus. Il s'agenouille, puis se couche sur le sol. Le froid de la mort monte de ses pieds à son cœur, il l'envahit. La situation lui paraît dérisoire : avoir vaincu tant de héros et tant de monstres redoutables pour succomber devant un jeune homme, presque un enfant !

– L'oracle avait raison, murmure-t-il.

Il s'adresse à ses soldats, révoltés par la mort de leur roi :

– Ne lui faites pas de mal : c'est Télégonos, mon fils. Notre combat a été loyal. Qu'on le traite avec honneur.

Ensuite, il réprimande Mentor :

– Cesse tes jérémiades ! Ordonne à Télémaque de revenir. Remets-lui mon sceptre et ma couronne... Je ne reverrai pas Pénélope. Cette fois, mon absence sera beaucoup plus longue. Je vais rejoindre Achille, Ajax, Agamemnon et Hector, tous les témoins de mes combats. Nous ne ferons plus la guerre, mais peut-être conserverons-nous assez de mémoire pour évoquer nos exploits.

Le vent venu du large efface ses dernières paroles. Il ne reste plus du vainqueur de Troie qu'un corps sans vie, entouré de guerriers agenouillés.

Principaux acteurs de la guerre de Troie

LES GRECS

Achille : fils de Thétis, le plus célèbre des héros de la guerre de Troie.

Agamemnon : roi de Mycènes. Chef suprême de l'armée grecque.

Ajax : roi de Salamine. Seul Achille lui est supérieur en force et en courage.

Hélène : fille de Zeus et reine de Sparte. La plus belle des mortelles.

Idoménée : roi de Crète. Il participe à la prise de Troie.

Ménélas : roi de Sparte. Frère d'Agamemnon, époux d'Hélène.

Palamède : roi d'Eubée. Cousin de Ménélas. Il déjoue la ruse d'Ulysse et l'oblige à participer à l'expédition. Pour se venger, Ulysse l'accuse de trahison. Palamède est lapidé par ses compagnons.

Tyndare : père adoptif d'Hélène. Héros de Sparte.

Ulysse : roi d'Ithaque. Le plus rusé des Grecs.

LES TROYENS

Hector : frère de Pâris. Le plus vaillant défenseur de Troie.

Pâris : fils de Priam. Ravisseur d'Hélène avec la complicité d'Aphrodite. Sa flèche, guidée par Apollon, tue Achille d'une blessure au talon.

Priam : roi de Troie.

Principaux dieux et noms propres de la mythologie cités dans le récit

Aphrodite : déesse de l'amour. Alliée de Troie.

Apollon : dieu de la beauté, de la lumière et des arts. Il combat aux côtés des Troyens.

Arès : dieu de la guerre.

Asclépios : dieu de la médecine.

Athéna : déesse de la guerre. Protectrice d'Ulysse.

Dionysos : dieu de la vigne, du vin et du délire mystique.

Hadès : dieu des morts et du monde souterrain.

Hélios : divinité du soleil.

Héphaïstos : dieu du feu. Il a forgé les armes d'Achille.

Héra : la plus grande des déesses. Sœur et épouse de Zeus.

Hermès : dieu des voyageurs, des marchands et des voleurs. Messager des dieux.

Poséidon : dieu de la mer.

Thétis : divinité marine, mère d'Achille.

Zeus : le plus puissant des dieux grecs. Maître du ciel et de la terre.

Cerbère : chien monstrueux, gardien de l'empire des morts.

Champs Élysées : demeure des Bienheureux.

Chiron : le plus sage des centaures, maître d'Achille, d'Asclépios et d'Apollon.

Naïade : nymphe des eaux.

Parnasse : séjour des Muses, divinités inspiratrices et protectrices des arts.

Styx : fleuve des Enfers.

Pour en savoir plus

Homère, *L'Iliade*, collection « Classiques abrégés », L'École des loisirs

Homère, *L'Odyssée*, collection « Classiques abrégés », L'École des loisirs

Mario Meunier, *La Légende dorée des dieux et des héros*, Albin Michel

Découvrez toute la collection des

HÉROS DE LÉGENDE